Warren W. Wiersbe

Sei heilig

Sich für Gott aussondern lassen

WARREN W. WIERSBE

Sei heilig

Sich für Gott aussondern lassen

Studien des Alten Tesrtaments:
3. Mose 1–27

Über den Autor:
Dr. Warren W. Wiersbe ist Autor zahlreicher Bücher und Kommentare, war zeitweilig am Cornerstone College in Grand Rapids, Michigan, tätig und ist Professor für Homiletik am Grand Rapids Baptist Seminary. Er ist Pastor dreier Gemeinden (einschließlich der Moody Church in Chicago) gewesen und war als Generaldirektor sowie Bibelausleger für Radiosendungen im Rahmen des Programms »Back to the Bible« verantwortlich.

Bibelzitate nach der Revidierten Elberfelder Übersetzung,
R. Brockhaus Verlag, Wuppertal und Zürich

Wiersbe, Warren W.:
Sei heilig
Sich für Gott aussondern lassen

ISBN 3-89436-372-X

Titel des amerikanischen Originals:
Be Holy
Becoming »Set Apart« for God
An Old Testament Study – 3. Mose 1–27

Übersetzung: Ute Tiede, Schöneck
Satz: Enns Schrift & Bild, Bielefeld
Umschlaggestaltung: KerkmannDesignBüro, Wuppertal
Druck: FVA, Fulda

Printed in Germany

Inhalt

Vorwort

Mit prophetischem Scharfblick schrieb A.W. Tozer vor vielen Jahren:

> Falls ein Beobachter oder ein Heiliger aus der hellen Welt dort oben eine Zeitlang unter uns weilte und die Macht hätte, die geistlichen Leiden der Menschen in der Kirche zu diagnostizieren, gäbe es einen Vermerk, der sich nach meiner Überzeugung auf der überwiegenden Mehrheit aller Krankenkarten finden würde: *Deutliche Hinweise auf chronische geistliche Abgespanntheit bei einem extrem niedrigem Maß an innerlicher Begeisterung.*[1]

Was immer man heutzutage mit der etablierten christlichen Kirche verbinden mag – Menschenmengen, kostspielige Gebäude, umfangreiche Haushaltspläne, politischen Einfluss –, für ihre Heiligkeit ist sie nicht bekannt. Bibeltreue evangelikale Christen stellen in den Vereinigten Staaten von Amerika zwar eine ansehnliche Minderheit dar, aber unsere Anwesenheit hat keinen nennenswerten Einfluss auf die Gesellschaft. Das Salz hat seinen Geschmack verloren, und das Licht ist so gut versteckt, dass der Marktplatz ziemlich im Dunkeln liegt.

Acht Mal sagte Gott in der Schrift zu seinem Volk: *»Seid heilig, denn ich bin heilig!«* Dies ist eines der Hauptthemen von 3. Mose, einem Buch, das uns lehrt, wie man Sünde vermeidet und in der Heiligkeit wächst. Ich bete dafür, dass das Studium und die Anwendung der geistlichen Grundsätze von 3. Mose uns alle Jesus Christus ähnlicher werden lässt und uns dazu befähigt, stärker auf diese »gegenwärtige böse Welt« (Gal 1,4) einzuwirken.

Warren W. Wiersbe

Ein Vorschlag zur Gliederung von 3. Mose

Thema: Die Heiligkeit Gottes – »*Seid heilig, denn ich bin heilig!*«
Schlüsselverse: 3. Mose 11,44-45

I. Heilige Opfer (3Mo 1–7)
1. Gesetze für die Gläubigen (3Mo 1,1–6,7)
2. Gesetze für die Priester (3Mo 6,8–7,38)

II. Ein heiliges Priestertum (3Mo 8–10; 21–22)
1. Weihe (3Mo 8–9)
2. Ermahnung (3Mo 10)
3. Eignung (3Mo 21–22)

III. Eine heilige Nation (3Mo 11–17)
1. Reine und unreine Speisen (3Mo 11)
2. Geburt (3Mo 12)
3. Krankheiten und Befleckung (3Mo 13–15)
4. Der Versöhnungstag (3Mo 16–17)

IV. Ein heiliges Land (3Mo 18–20; 23–27)
1. Unmoral (3Mo 18)
2. Götzenverehrung (3Mo 19)
3. Kapitalverbrechen (3Mo 20)
4. Jährliche Feiertage (3Mo 23)
5. Gotteslästerung (3Mo 24)
6. Sabbatjahr (3Mo 25)
7. Segnungen und Flüche (3Mo 26–27)

Die wichtigste Sache der Welt
Mit 3. Mose vertraut werden –

»Wir erheben uns und singen Lied 325«, gab der Lobpreisleiter bekannt, »›Nimm dir Zeit, um heilig zu sein.‹ Wir singen die Verse eins und vier.«

Wenn ich statt auf dem Podium mitten in der Gemeinde gesessen hätte, hätte ich vielleicht laut losgelacht. Stellen Sie sich eine christliche Gemeinde vor, die »Nimm dir Zeit, um heilig zu sein« singt *und sich noch nicht einmal die Zeit nimmt, das gesamte Lied zu singen!* Wenn wir uns nicht einmal die Zeit (weniger als vier Minuten) nehmen, um ein Lied über Heiligkeit zu singen, werden wir uns wahrscheinlich auch nicht die Zeit nehmen, unsere »Heiligkeit in der Furcht Gottes zu vollenden« (2Kor 7,1).

Glücklichsein – und nicht Heiligkeit – ist heute das Hauptziel der meisten Menschen, einschließlich vieler bekennender Christen. Sie wollen, dass Jesus ihre Probleme löst und ihnen ihre Sorgen abnimmt, aber sie wollen nicht, dass er ihr Leben beherrscht und ihre Persönlichkeit verändert. Es stört sie nicht, dass Gott an acht Stellen in der Bibel zu seinem Volk sagt: *»Seid heilig, denn ich bin heilig«*[1], *und er meint es auch so.*

»Wer die Schönheit der Heiligkeit oder des wahrhaft moralisch Guten sieht«, schrieb Jonathan Edwards, »sieht das Größte und Wichtigste in der Welt.«

Haben Sie jemals persönliche Heiligkeit – Ähnlichkeit mit Jesus Christus – als *das Wichtigste in der Welt* gesehen?

In Gottes Königreich ist Heiligkeit kein Luxus, sondern eine Notwendigkeit. *»Jagt dem Frieden mit allen nach und der Heiligung, ohne die niemand den Herrn schauen wird«* (Hebr 12,14). Ja, Gott möchte, dass seine Kinder glücklich sind, aber wahres Glück beginnt mit Heiligkeit. *»Glückselig, die nach der Gerechtigkeit hungern und dürsten, denn {sie} wer-*

den gesättigt werden« (Mt 5,6). »Wenn ich zu wählen hätte unter allen Segnungen, die ich mir vorstellen kann«, sagte Charles Spurgeon, »würde ich die vollkommene Übereinstimmung mit dem Herrn Jesus wählen, oder in einem einzigen Wort ausgedrückt: Heiligkeit.« Würden Sie die gleiche Wahl treffen?

3. Mose zeigt den Christen des Neuen Testaments, wie sie Heiligkeit schätzen lernen und auf ihr tägliches Leben anwenden können. Das Wort *heilig* wird in 3. Mose 91-mal verwendet, mit *Reinigung* verwandte Wörter werden 71-mal benutzt. Bezüge auf *Unreinheit* finden sich 128-mal. Das Thema dieses Buches ist wohl eindeutig.

»Aber wurde 3. Mose nicht für die Priester und Leviten des alten Israels geschrieben?«, werden Sie jetzt vielleicht fragen, und die Antwortet lautet »Ja«. Doch die Lektionen von 3. Mose sind nicht auf die Juden im alten Israel beschränkt. Die geistlichen Grundsätze in diesem Buch sind auch auf Christen in der heutigen Gemeinde anwendbar. Die Schlüsselverse von 3. Mose – *»Seid heilig, denn ich bin heilig«* (3Mo 11,44-45) – werden in 1. Petrus 1,15-16 auf die Gemeinde des Neuen Testaments angewendet, und 3. Mose selbst wird im Neuen Testament über 100-mal zitiert bzw. es wird darauf Bezug genommen. Da die *gesamte Schrift* eine Eingebung Gottes ist (2Tim 3,16), ist auch die *gesamte Schrift* für die Menschen Gottes nutzbringend zur Förderung eines frommen Lebens. Jesus hat gesagt, dass wir von jedem Wort leben sollen, das Gott uns gegeben hat (Mt 4,4), und das schließt auch 3. Mose ein.

3. Mose erklärt fünf grundlegende Themen, die sich auf ein Leben der Heiligkeit beziehen: ein heiliger Gott, ein heiliges Priestertum, ein heiliges Volk, ein heiliges Land und ein heiliger Erlöser.

1. Ein heiliger Gott

Was ist *»Heiligkeit«*? Im Gegensatz zu dem, was Sie heutzutage in manchen Predigten und beliebten religiösen Liedern hören mögen, betont die Bibel nicht die Liebe Gottes, sondern die *Heiligkeit Gottes*. »Die Liebe ist zentral in Gott«, schrieb der amerikanische Theologe Augustus H. Strong, »aber die Heiligkeit ist zentral in der Liebe.«[2] Gottes Liebe ist eine *heilige* Liebe, denn die Bibel stellt fest: *»Gott ist Licht«*

(1Jo 1,5) und: »*Gott ist Liebe*« (4,8.16). Liebe ohne Heiligkeit wäre etwas Monströses, was Gottes vollkommenes Gesetz zerstören könnte, wohingegen es bei Heiligkeit ohne Liebe für den verlorenen Sünder keine Hoffnung mehr gäbe. Liebe und Heiligkeit sind im göttlichen Wesen Gottes und seinen Werken vollkommen im Gleichgewicht.

Gottes Heiligkeit ist nicht einfach die Abwesenheit von Befleckung, also eine negative Sache. Die Heiligkeit Gottes ist positiv und aktiv. Durch sie wirkt Gottes vollkommenes Wesen, um Gottes vollkommenen Willen zu erfüllen.

Das hebräische Wort für »heilig«, das Mose hier benutzte, bedeutet »etwas, was abgesondert und hervorgehoben, was anders ist«. Der Sabbat war heilig, weil Gott ihn für sein Volk abgesondert hatte (2Mo 16,23). Die Priester waren heilig, weil sie abgesondert worden waren, um dem Herrn zu dienen (3Mo 21,7-8). Ihre Gewänder waren heilig und durften nicht für den normalen Gebrauch nachgemacht werden (2Mo 28,2). Der Zehnte, den die Menschen ablieferten, war heilig (3Mo 27,30). Alles, von dem Gott sagte, dass es heilig war, musste im hebräischen Lager anders als die gewöhnlichen Dinge des Lebens behandelt werden. Tatsächlich war das Lager Israels heilig, denn der Herr wohnte dort unter seinem Volk (5Mo 23,15).

Das englische Wort für »heilig« – holy – kommt von dem altenglischen Wort *halig*, das »vollständig sein«, »gesund sein« bedeutet. Was Gesundheit für den Körper bedeutet, ist Heiligkeit für den inneren Menschen. Das verwandte englische Wort für »heiligen« – sanctify – leitet sich aus dem lateinischen *sanctus* ab, das »geweiht«, »heilig«, »makellos« bedeutet. Wir benutzen das Wort »Heiligung« zur Bezeichnung des Wachstumsprozesses, der einen Menschen Christus ähnlicher werden lässt, und das Wort »heilig«, um das Ergebnis dieser Entwicklung zu beschreiben.[3]

Wie offenbart Gott seine Heiligkeit? Die Religion der Nationen in Kanaan war bekanntermaßen unmoralisch und beschäftigte sich mit Götzenverehrung und dem Umgang mit männlichen und weiblichen Tempelprostituierten. (Die mythischen Gottheiten Griechenlands und Roms waren auch nicht viel besser.) Aus diesem Grund befahl Gott seinem Volk, sich von den fremden Altären und Heiligtümern fernzuhalten und sich der fremden Lebensweise nicht zu öffnen (2Mo

23,20-33; 5Mo 7,1-11). Gott machte seinem Volk auf vielseitige Weise deutlich, dass er ein *heiliger* Gott war.

Zuerst einmal schenkte er ihnen ein heiliges Gesetz, das sowohl Versprechen als auch Strafen enthielt und im Wesentlichen in den Zehn Geboten zusammengefasst ist (2Mo 20,1-17). Gottes Gesetze und Anordnungen beherrschten das tägliche Leben des Volkes und legten fest, was richtig und was falsch, was rein und was unrein war, sowie die Strafen für diejenigen, die sich bewusst darüber hinwegsetzten.

Am Sinai offenbarte Gott seine *heilige Gegenwart. »Und das ganze Volk nahm den Donner wahr, die Flammen, den Hörnerschall und den rauchenden Berg. Als nun das Volk ›das‹ wahrnahm, zitterten sie, blieben von ferne stehen«* (20,18; siehe 19,14-25). Er offenbarte seine heilige Macht und Gegenwart auch, als er die Götter Ägyptens richtete (12,12), als er das rote Meer teilte und das ägyptische Heer vernichtete (14,13–15,21), und als er für Israel in der Wüste wunderbare Werke tat.

Gott ist *»herrlich in Heiligkeit«* (15,11), und seine Herrlichkeit wohnte im Allerheiligsten, sowohl im Zelt der Begegnung (40,34-38) als auch im Tempel (1Kö 8,10). Die Gegenwart der Wolke der Herrlichkeit und der Feuersäule erinnerte Israel daran, dass Jahwe ein heiliger Gott und *»ein verzehrendes Feuer«* war (5Mo 4,24; Hebr 12,29). Tatsächlich verkündete der Aufbau des Zeltes der Begegnung die Heiligkeit Gottes: die Einfriedung um das Zelt, der Bronzealtar, wo das Blut vergossen wurde, das Waschbecken, in dem die Priester ihre Hände und Füße wuschen und der Vorhang, der jeden außer dem Hohenpriester vom Allerheiligsten fernhielt.

Das gesamte Opfersystem verkündete Israel: *»Der Lohn der Sünde ist der Tod«* (Röm 6,23) und: *»Die Seele, die sündigt, soll sterben«* (Hes 18,4). Gott verabscheut die Sünde, aber weil er die Sünder liebt und ihnen vergeben will, stellt er einen Ersatz zur Verfügung, der anstelle des Sünders sterben soll. All dies ist ein Bild des versprochenen Heilands, der sein Leben hingab für die Sünden der Welt.

Man hätte keine der heidnischen Gottheiten jemals als »heilig« bezeichnen können. Aber *»der Heilige Israels«* ist einer der wiederholten Namen Jahwes in der Schrift, allein in Jesaja wird er etwa dreißig Mal verwendet.

In Wort und Tat machte Jahwe dem Volk Israel klar, dass er ein heiliger Gott ist, gerecht in all seinen Werken und all seinen Strafen.

2. Ein heiliges Priestertum

Das jüdische Priestertum gehörte ausschließlich zum Stamm Levi. Levi, der Begründer des Stammes, war der dritte Sohn von Jakob und Lea (1Mo 29,34; 35,23) und der Vater von Gerschom, Kehat und Merari (46,11) gewesen. Da Kehats Sohn Amram der Vater von Aaron, Mose und Mirjam war (4Mo 26,58-59), gehörten Aaron, Mose und Mirjam zum Stamm Levi.

Aaron war der erste Hohepriester und seine männlichen Nachkommen wurden ebenfalls Priester; der erstgeborene Sohn in jeder Generation erbte das Amt des Hohenpriesters. (Jeder Priester war ein Levit, aber nicht jeder Levit war ein Priester.) Die restlichen Männer des Stammes Levi (die »Leviten«) wurden den Priestern als Assistenten zugewiesen. Die Leviten waren der Ersatz für die männlichen Erstgeborenen in Israel, die allesamt dem Herrn geweiht werden sollten (2Mo 13,1-16; 4Mo 3,12-13.44-51). Um ihren Dienst zu erleichtern, teilte David die Tausenden von Leviten schließlich in vierundzwanzig »Abteilungen« ein (1Chr 23,6).

Der Name »Leviticus« für 3. Mose ist von »Levi« abgeleitet und bedeutet »die Leviten betreffend«. Tatsächlich werden die Leviten aber nur an einer einzigen Stelle dieses Buches erwähnt (3Mo 25,32-33); die Vorschriften in 3. Mose beziehen sich hauptsächlich auf die Priester. Als Assistenten der Priester mussten die Leviten natürlich ebenfalls wissen, was der Herr vom Dienst in seinem Haus erwartete.

Gott bestand darauf, dass die Priester heilige Männer waren, die einzig zu seinem Dienst abgesondert sein sollten. Sie mussten nicht nur aus dem Stamm Levi kommen, sondern durften auch keine körperlichen Gebrechen haben oder Frauen heiraten, die Gott nicht genehm waren (Kap. 21–22). Sie wurden in einer komplizierten Zeremonie geweiht, wobei sie in Wasser gebadet und mit Öl und mit Blut gezeichnet wurden (Kap. 8). Der Hohepriester wurde mit besonderem Öl gesalbt. Die Priester trugen besondere Gewänder, und besondere Gesetze, die nicht für gewöhnliche Menschen galten, beherrschten ihr Leben. Die Priester demonstrierten in jeder Hinsicht die Tatsache, dass sie hervorgehoben und dadurch dem Herrn heilig waren.

Die Leviten hatten die Verantwortung für das Heiligtum, und während der Jahre, in denen die Israeliten durch die Wüste wanderten, trugen sie das Zelt und seine Einrichtung von Ort zu Ort (4Mo 1,47-54). Sie waren außerdem für die Bewachung von Gottes Heiligtum verantwortlich (1Chr 9,19), hatten das Volk das Gesetz zu lehren (5Mo 33,8-11; Neh 8,7-9) und das Volk in der Anbetung Gottes zu leiten (1Chr 16,4-6).

Nur ein heiliges Priestertum konnte sich Gottes Altar nähern und des Dienstes für Gott würdig sein. Wenn die Priester nicht vorschriftsmäßig gekleidet waren (2Mo 28,39-43), sich nicht gründlich gewaschen hatten (30,20-21) oder dienen wollten, obwohl sie unrein waren (3Mo 22,9), bestand für sie Lebensgefahr. Wenn die Leviten achtlos mit den Einrichtungsgegenständen im Zelt der Begegnung umgingen, riskierten sie ebenfalls ihr Leben (4Mo 15,20). Der Hohepriester trug vorne auf seinem Turban ein goldenes Stirnblatt mit der Inschrift: *»Heiligkeit dem HERRN!«* (2Mo 28,36) und wagte nicht, irgendetwas zu tun, was nicht dieser Inschrift entsprach. Er konnte im Allerheiligsten des Zeltes der Begegnung dienen und dennoch in Lebensgefahr sein (3Mo 16,2).

Jeder, der wahrhaft an Jesus Christus glaubt, ist ein Priester Gottes und hat das Privileg, geistliche Opfer durch Jesus Christus darzubringen (1Petr 2,5.9). Im Alten Testament *hatte* das Volk Gottes ein Priestertum, doch im Neuen Testament *sind* die Menschen Gottes ein Priestertum (Offb 1,6). Durch den Glauben an Christus sind wir abgewaschen (1Kor 6,9-11), in seine Gerechtigkeit gekleidet (2Kor 5,21), durch den Geist gesalbt (1Jo 2,20.27) und haben Zugang zu seiner Gegenwart erhalten (Hebr 10,19-20).

3. Ein heiliges Volk

Es war Gottes Ziel für Israel, dass die Nation *»ein Königreich von Priestern und eine heilige Nation«* (2Mo 19,6) würde. Alles im jüdischen Leben des Alten Testaments war entweder »heilig« (einzig für Gott reserviert) oder »gewöhnlich«, und die »gewöhnlichen« Dinge waren entweder »rein« (das Volk durfte sie benutzen) oder »unrein« (die Benutzung war verboten). Die Juden mussten umsichtig alles vermeiden, was unrein war, ansonsten fanden sie sich »von der Mitte ihres Volkes ausgerottet«, bis sie sich der vorgeschriebenen Zeremonie unterworfen hatten, durch die sie wieder rein wurden.

Die Gesetze, die sich auf die Ehe, die Geburt, das Essen, die Körperhygiene, die Quarantäne erkrankter Personen und die Bestattung der Toten bezogen, waren für die Nation sicherlich auch im Hinblick auf Hygiene sinnvoll, aber sie sollten vor allem daran erinnern, dass Gottes Volk nicht einfach leben konnte, wie es ihm gefiel. Weil sie Gottes auserwähltes Volk waren, mussten die Juden lernen, *»zwischen dem Heiligen und dem Unheiligen und zwischen dem Reinen und dem Unreinen«* (3Mo 10,10) zu unterscheiden. Sie sollten nicht wie die sie umgebenden gottlosen Nationen leben.

Wenn Sie 3. Mose 11–17 lesen, werden sie feststellen, wie sich das jüdische Volk durch seine Speisen, seinen Umgang mit Neugeborenen (und ihren Müttern) und Verstorbenen sowie durch seine Behandlung von Menschen mit Krankheiten und deren Wunden abhob. Einmal im Jahr, am Versöhnungstag (Kap. 16), wurde die Nation daran erinnert, dass Jahwe ein heiliger Gott war und dass allein das vergossene Blut das Volk reinigte.

Gottes Gemeinde soll eine »heilige Nation« in dieser gegenwärtigen bösen Welt sein, *»damit ihr die Tugenden dessen verkündigt, der euch aus der Finsternis zu seinem wunderbaren Licht berufen hat«* (1Petr 2,9). Das griechische Wort, das mit »verkündigen« übersetzt wird, bedeutet »hinausposaunen«, »öffentlich bekannt machen«. Die heilige Nation Israel in Kanaan mit ihrem heiligen Priestertum offenbarte den heidnischen Nationen, unter denen sie lebte, die Herrlichkeit und die Vorzüge Jahwes, des wahren und lebendigen Gottes. Die Gemeinde hat in der heutigen Welt das gleiche Privileg und die gleiche Aufgabe. Als das Volk Israel anfing, wie die Heiden zu leben, beraubte es Gott seiner Herrlichkeit, und der Herr musste es züchtigen.

4. Ein heiliges Land

Das Volk gehörte dem Herrn, weil er es aus Ägypten erlöst hatte, um es zu seinem persönlichen Eigentum zu machen. Auch das Land gehörte dem Herrn, und er schenkte es Israel unter der Bedingung, dass sie es durch nichts beflecken würden. Ein heiliger Gott möchte, dass sein heiliges Volk in einem heiligen Land lebt.

In 3. Mose 18–27 wird das Wort »Land« etwa achtundsechzig Mal benutzt. In diesen Kapiteln benannte Mose die Sünden, die das Land beflecken und eine Strafe Gottes herabziehen: Unmoral (Kap. 18), Götzenverehrung (Kap. 19), Kapitalverbrechen (Kap. 20), Gotteslästerung (Kap. 23) und dem Land keine Rast gönnen (Kap. 25). Unglücklicherweise begingen die Juden alle diese Sünden und noch mehr, und Gott musste sie züchtigen, indem er zuließ, dass Babylon Jerusalem zerstörte und die Menschen gefangen nahm (2Chr 36,14-21).

Die Nationen der heutigen Welt haben nicht die gleiche Bündnisbeziehung mit Gott, wie Israel sie hatte, doch sie müssen dennoch seine Moralgesetze achten und seine Gaben weise nutzen (Am 1–2). Ich kann nichts in Bezug auf andere Nationen sagen, aber ich glaube, dass sich mein geliebtes Heimatland schuldig macht, indem es Gottes Gaben missbraucht und sich weigert, Gottes Gesetzen zu gehorchen, und deshalb reif ist für eine Bestrafung. Die Sünden, die Gott verurteilt – Mord, Betrug, Unmoral, Gewalt, Habgier und Gotteslästerung – sind genau die Dinge, mit denen sich die Massen unterhalten, sei es im Fernsehen, in Kinofilmen oder in Büchern. Entfernen Sie Gewalt und Lasterhaftigkeit aus der Unterhaltung und Sie werden erleben, dass viele Menschen nicht mehr dafür bezahlen wollen.

Gott schenkte seinem Volk sogar einen Jahreskalender, der den Menschen helfen sollte, seine Geschenke zu schätzen und sie zu seiner Herrlichkeit zu nutzen (Kap. 23,25). Bis nach der babylonischen Gefangenschaft waren die Juden hauptsächlich Bauern und der Festkalender war unmittelbar mit den jährlichen Ernten verbunden. Die Sabbatjahre und das Jobeljahr halfen nicht nur, die Fruchtbarkeit des Landes zu erhalten, sondern unterstützten auch die Regulierung der Wirtschaft der Nation. Die gottlosen Nationen konnten auf das Land Israel blicken und erkennen, dass Jahwe sein Volk segnete und für es sorgte!

5. Ein heiliger Erlöser

Die Bibel zu studieren, ohne Jesus Christus zu erkennen, bedeutet, das Hauptthema des Buches zu übersehen (Lk 24,47). Das Gesetz war ein *»Schatten der zukünftigen Güter«* (Hebr 10,1). Besonders in den levitischen Opfern und dem Priesterdienst erkennen wir die Person von Jesus Christus und sein Werk deutlich dargestellt.

Auch Unmengen guter Werke und religiöser Mühen können keinen Sünder heilig machen. Nur das Blut Jesu Christi kann uns von unseren Sünden reinigen (1Jo 1,7), und nur der auferstandene verherrlichte Heiland kann als unser Beistand (2,1) und Hoherpriester (Hebr 8,1; Röm 8,34) für uns vor dem Thron Gottes Fürbitte einlegen. Was die Juden des Alten Testaments nur in Schatten sahen, sehen die heutigen Gläubigen im hellen Licht Jesu Christi.

Ebenso wie sich die Nation Israel von allem fernhalten musste, was unrein und befleckend war, müssen sich auch heutige Gläubige *»reinigen von jeder Befleckung des Fleisches und des Geistes und die Heiligkeit vollenden in der Furcht Gottes«* (2Kor 7,1). Gott möchte, dass wir ein *»heiliges Priestertum«* und eine *»heilige Nation«* sind, damit wir seine Werte bekannt machen und seinen Namen verherrlichen (1Petr 2,5.9).

Am 24. Januar 1861, einem Sonntagmorgen, schloss Charles Haddon Spurgeon seine Predigt im »Metropolitan Tabernacle« mit den folgenden Worten:

> Eine unheilige Gemeinde! Sie ist der Welt von keinerlei Nutzen und genießt keinerlei Achtung unter den Menschen. Oh, sie ist eine Scheußlichkeit, der Hölle Grund zum Gelächter, des Himmels Grund zum Abscheu. Und je größer die Gemeinde, je einflussreicher sie ist, desto mehr wird sie zur schlimmsten Plage, wenn sie tot und unheilig wird. Die schlimmsten Übel, die jemals in die Welt kamen, sind ihr durch eine unheilige Gemeinde entstanden.

Acht Mal sagt der Herr in seinem Wort: *»Seid heilig, denn ich bin heilig.«* Aber hören wir es auch?

ZWEI

3. Mose 1–7

Die Opfer und der Retter

Lassen Sie uns einen Blick darauf werfen, was das Volk Israel erlebt hatte, bevor es die Anweisungen erhielt, die sich in 3. Mose finden.

Etwa zehn Wochen nach ihrer Rettung aus Ägypten kamen die Israeliten am Berg Sinai an (2Mo 19,1). Dort verkündete Gott sein Gesetz und gab Mose die Anweisungen zum Bau des Zeltes der Begegnung. Mose erbaute das Zelt der Begegnung am ersten Tag des ersten Monats des *zweiten* Jahres, das Israel in Freiheit verbrachte (40,17); was Sie in 2. Mose 16–40 lesen, erstreckt sich also über etwa neun Monate (siehe 4Mo 9,1-5).

4. Mose beginnt mit einer Volkszählung, die am ersten Tag des *zweiten* Monats des zweiten Jahres stattfindet (4Mo 1,1), woraus sich schließen lässt, dass sich das in 3. Mose Erzählte etwa innerhalb eines Monats abspielt. Das Zelt der Begegnung war nun bereit zur Nutzung und Gott gab den Priestern die Anweisungen, die sie benötigten, um die verschiedenen Opfer darzubringen.

Sechs unterschiedliche Opfer konnten zum Altar des Zeltes der Begegnung gebracht werden. Wenn Anbetende ihre *Hingabe an Gott* ausdrücken wollten, brachten sie das Brandopfer dar; möglicherweise darüber hinaus noch das Speisopfer und das Trankopfer (siehe 4Mo 15,1-10). Diese Opfer drücken vollkommene Bindung an den Herrn aus. Das Heilsopfer bedeutete *Gemeinschaft mit Gott*, und beim Sündopfer und den Schuldopfern geht es um die *Reinigung durch Gott*. Jedes dieser Opfer befriedigte ein bestimmtes Bedürfnis im Leben des Gläubigen und drückte überdies eine gewisse Wahrheit über die Person und das Werk Jesu Christi aus, der Gottes vollkommenes Opfer war.

Das Vergießen von Tierblut konnte nicht das Herz eines Menschen verändern oder seine Sünde hinwegnehmen (Hebr 10,1-4). Dennoch machte Gott deutlich, dass die Sünden des Gläubigen vergeben waren (3Mo 4,20.26.31.35; 5,10.13.16.18; 7,7), und dies geschah auf der Grundlage des Opfers von Jesus Christus am Kreuz (Hebr 10,5-14).[1]

Ebenso wie manche Menschen, die heutzutage in Gemeinden zu finden sind, konnten die jüdischen Gläubigen den Formalitäten am Altar Genüge tun, ohne mit dem Herzen dabei zu sein; dies bedeutete jedoch, dass Gott ihnen nicht wirklich vergeben hatte (Ps 50,8-14; 51,18-19; Jes 1,10-20; Mi 6,6-8). Gott will nicht unsere Opfer; er möchte den Gehorsam unserer Herzen (1Sam 15,22).

Die in 3. Mose 1–7 beschriebenen Opfer erinnern uns an die grundlegenden geistlichen Bedürfnisse, die wir als Menschen Gottes haben: Hingabe an Gott, Gemeinschaft mit Gott und Reinigung durch Gott.

1. Hingabe an Gott (3Mo 1–2; 6,8-23)

Das Brandopfer (1,1-17; 6,1-6) war das grundlegende Opfer, das Hingabe und Widmung an den Herrn ausdrückte. Wenn wir uns dem Herrn unterordnen, legen wir »das Ganze auf den Altar« (1,9) und halten nichts zurück. Die Parallele im Neuen Testament findet sich in Römer 12,1-2, wo Gottes Menschen dazu herausgefordert werden, »lebendige Opfer« zu sein, die sich ganz dem Herrn übergeben.

Die Opferhandlung war vom Herrn detailliert vorgegeben und durfte nicht abgewandelt werden. Das Opfer sollte ein männliches Herdentier (3Mo 1,3-14), konnte aber auch ein Vogel sein (V. 14-17)[2], und der Gläubige musste das Opfer an den Eingang des Zeltes der Begegnung bringen, wo auf einem Bronzealtar ständig ein Feuer brannte (6,13). Der Priester untersuchte das Opfertier, um sicherzugehen, dass es ohne Makel war (22,20-24), denn wir sollen dem Herrn unser Bestes geben (siehe Mal 1,6-14). Jesus Christus war ein Opfer *»ohne Fehler und ohne Flecken«* (1Petr 1,19), das sich in vollkommener Hingabe an Gott gab (Joh 10,17; Röm 5,19; Hebr 10,10).

Außer bei der Opferung von Vögeln legte der Opfernde eine Hand auf das Opfertier (3Mo 1,4); diese Geste symbolisierte zwei Dinge: (1) Der Opfernde identifizierte sich mit dem Opfer und (2) etwas ging auf das Opfertier über. Im Falle des Brandopfers drückte der Opfernde aus: »Ebenso, wie dieses Tier auf dem Altar Gott ganz gegeben wird, gebe ich mich selbst ganz dem Herrn.« Bei den Opfern, bei denen Blutvergießen im Spiel war, bedeutete das Auflegen der Hände, dass der Gläubige symbolisch Sünde und Schuld auf das Tier übertrug, das anstelle des Sünders starb. Auch das Brandopfer erwirkte Sühnung für den Opfernden (V. 4).

Der Opfernde tötete dann das Tier und der Priester fing das Blut in einem Becken auf und sprengte es an die Seiten des Altars (V. 5.11). Nicht der Opfernde, sondern der Priester tötete den Vogel, der dann an der Seite des Altars ausgeblutet wurde. Der Tierkörper wurde daraufhin im Feuer auf dem Altar verbrannt (V. 15-17). Die toten Körper von Stieren, Lämmern oder Ziegen wurden zerlegt und die Teile wurde gereinigt. Dann wurden alle Teile außer der Haut ordentlich auf das Holz gelegt[3] und im Feuer verbrannt. Die Haut wurde dem Priester übergeben (V. 6ff).

Die Bedeutsamkeit des Opfers zeigt sich in der Wiederholung der Formulierungen *»vor dem HERRN«* und *»für den HERRN«*, die sich in diesem 1. Kapitel von 3. Mose etwa acht Mal finden (V. 2-3.5.9.11.13-14.17). Die Angelegenheit am Altar fand nicht zwischen dem Opfernden und seinem Gewissen statt; auch nicht zwischen dem Opfernden und der Nation oder zwischen dem Opfernden und dem Priester, sondern einzig zwischen dem Opfernden und dem Herrn. Hätte der Gläubige das Opfer in einem der heidnischen Tempel dargebracht, hätte es vielleicht dem heidnischen Priester und seinem Volk gefallen, aber es hätte nicht den Segen des Herrn auf sich gezogen.

Die Formulierung *»wohlgefälliger Geruch«* wird in diesem Kapitel drei Mal benutzt (V. 9.13.17) und in den Kapiteln 1–3 insgesamt etwa acht Mal und bedeutet *»ein angenehmer Duft«*. Da Gott Geist ist, hat er keinen Körper, doch in der Schrift werden körperliche Beschreibungen benutzt, um Gottes Handlungen und Reaktionen zu bezeichnen. In diesem Fall wird Gott dargestellt, als ob er einen angenehmen Duft riecht und Gefallen daran hat (1Mo 8,21; 3Mo 26.31). Als Jesus am Kreuz starb, war sein Opfer *»ein duftender Wohlgeruch«* für den Herrn (Eph 5,2), und unsere Opfer für Gott sollen sich an diesem Beispiel ausrichten (Phil 4,18).

Das *»Gesetz des Brandopfers«* findet sich in 3. Mose 6,1-6. Gott wies die Priester an, das Feuer auf dem Altar in Brand zu halten, die Asche vom Altar zu entfernen und sie dann an einen reinen Ort außerhalb des Lagers zu bringen. Wahrscheinlich entzündete Gott dieses Feuer, als die Priester geweiht wurden und ihren Dienst antraten (9,24).[4] Weil die Asche heilig war, konnte sie nicht auf dem Abfallhaufen des Lagers entsorgt werden, sondern musste an einen Ort gebracht werden, der kultisch rein war. Sogar der Kropf des Vogels wurde in die Asche gelegt (1,16), statt als Abfall behandelt zu werden.

Das Speisopfer (2,1-16; 6,7-16; 7,9-10) konnte am Altar auf fünf Arten dargebracht werden: als Weizengrieß, als Ofengebäck, als Speisopfer aus der Pfanne, als Speisopfer aus dem Topf oder als am Feuer geröstete Graupen vom Jungkorn. Dieses Gebäck ähnelte unserem modernen Mürbe- oder Pizzateig. Der amtierende Priester legte nur einen Teil des Opfers auf den Altar – die »Askara« für den Herrn – wo er vom Feuer verzehrt wurde; der Rest des Opfers ging an den Priester zu dessen persönlichem Verbrauch. Nur die männlichen Familienangehörigen durften es essen und mussten dies im Heiligen des Zeltes der Begegnung tun (6,9.11); dafür musste das Opfer ungesäuert sein (V. 10). Das einzige Speisopfer, das nicht gegessen wurde, war das, welches jeden Morgen und jeden Abend von *dem* Sohn des Hohenpriesters dargebracht wurde, der ihm im Amt nachfolgen würde (V. 12-16). Zweimal täglich erinnerte Gott seine Priester daran, dass sie ihre Reinheit und Rechtschaffenheit wahren mussten, weil sie im dienten.

Da Korn die Frucht unserer Arbeit symbolisiert, war das Speisopfer für die Juden eine Möglichkeit, Gott etwas von dem zu weihen, dessen Ernte er ihnen ermöglicht hatte. Der Weihrauch, der mit der Askara verbrannt wurde, steht für das Gebet (Ps 141,2; Offb 5,8), ein Hinweis auf die Bitte *»Unser tägliches Brot gib uns heute«* (Mt 6,11). Das Speisopfer wurde aber nicht alleine dargebracht, sondern gehörte stets zu einem Opfer, bei dem Blut vergossen wurde. Unsere schwere Arbeit allein kann uns niemals Rettung erkaufen oder den Segen Gottes verdienen, denn ohne Blutvergießen gibt es keine Vergebung der Sünde (Hebr 9,22).[5] Jene jedoch, die durch ihren Glauben an das vergossene Blut Jesu Christi gerettet wurden, dürfen dem Herrn darbringen, was sie durch seine Güte erarbeitet haben.

Dieses Opfer symbolisiert Jesus Christus als das Brot des Lebens (Joh 6,32ff.), den Vollkommenen, der unseren inneren Menschen ernährt, wenn wir ihn anbeten und über sein Wort nachsinnen. Das erklärt, warum Gott für die Opfernden solch strenge Regeln aufstellte, die eingehalten werden mussten, bevor das Speisopfer angenommen wurde. Das Opfer musste mit Öl übergossen oder vermengt sein (3Mo 2,1-2.4.6.15) – ein Bild für den Heiligen Geist Gottes, welcher Christus unbegrenzt gegeben wurde (Joh 3,34). Es musste zudem Salz enthalten (3Mo 2,13; Mt 5,13), was auf das reine Wesen unseres Herrn hinweist. Jesus verglich sich selbst mit einem Weizenkorn (Joh 12,23-25), und er wurde zermahlen (»Weizengrieß«) und durch den Ofen des Leidens geschickt, damit er uns von unseren Sünden erlösen konnte.

Sauerteig (Hefe) und Honig waren als Bestandteile des Speisopfers verboten (3Mo 2,11). Aufgrund das Passahvorschriften verbanden die Juden Sauerteig mit Schlechtem (2Mo 12,19-20; siehe Lk 12,1; 1Kor 5,8), und gewiss war in Jesus Christus keine Sünde. Honig ist das Süßeste, was die Natur hervorbringt, doch das vollkommene Wesen unseres Herrn war göttlich und nicht von dieser Welt. Die Tatsache, dass sowohl Hefe als auch Honig gären können, mag ebenfalls ein Aspekt gewesen sein.

Das Trankopfer (4Mo 15,1-13) wird in 3. Mose 23,13.18.37 erwähnt, aber seine »Gesetze« werden an diesen Stellen nicht erklärt. Ebenso wie das Speisopfer wurde das Trankopfer dargebracht, nachdem die Tieropfer auf den Altar gelegt worden waren. Das Trankopfer war ein erforderlicher Bestandteil des Tieropfers (siehe 4Mo 29,6.11.18.19 usw.). *»Ein Viertel Hin Wein«* (4Mo 15,5) entsprach in etwa einem Liter Flüssigkeit. Weder der Opfernde noch der Priester tranken von dem Wein, denn er wurde komplett über den Altar geschüttet. Beachten Sie, dass bei den teureren Opfern eine größere Menge Wein für das Trankopfer benötigt wurde.

Das Brandopfer, das Speisopfer und das Trankopfer symbolisieren allesamt Hingabe an Gott und Bindung an ihn und sein Werk. Das Ausgießen des Weines war ein Symbol für das Leben, das in Hingabe an Gott vergeht. Am Kreuz wurde Jesus *»wie Wasser … hingeschüttet«* (Ps 22,15) und hat *»seine Seele … ausgeschüttet in den Tod«* (Jes 53,12). Paulus sah sich selbst *»als Trankopfer«*, das *»über das Opfer und den Dienst des Glaubens«* der Philipper gesprengt wurde (Phil 2,17), und im römischen Gefängnis wurde er *»schon als Trankopfer gesprengt«* (2Tim 4,6), als er seinem Märtyrertod entgegensah.

2. Gemeinschaft mit Gott (3Mo 3; 7,11-38)

Einige hervorstechende Eigenschaften des Heilsopfers sind beachtenswert: Zum einen konnte der Opfernde ein weibliches Tier mitbringen – etwas, was bei den anderen Tieropfern nicht erlaubt war. Wenn das

Opfer nicht in Erfüllung eines Gelübdes dargebracht wurde, konnte es außerdem sogar mit einigen Makeln behaftet sein und war trotzdem noch annehmbar (3Mo 22,23). Letztlich wurde es zur Speise für die Priester und die Familie des Opfernden, und dafür waren diese Makel bedeutungslos.

Dies führt uns zur dritten Eigenschaft: Das Heilsopfer ist das einzige Opfer, das mit den Gläubigen geteilt wurde. Nachdem der Priester das Opfer dargebracht hatte, erhielt er eine große Portion des Fleisches, der Rest aber ging an den Opfernden, der damit ein Fest für seine Familie und Freunde ausrichten konnte. Da die Juden ihre wertvollen Tiere nur selten des Fleisches wegen schlachteten, war ein Gericht mit Rind- oder Lammfleisch etwas Besonderes. Bei der Einweihung des Tempels opferte Salomo 142.000 Heilsopfer, und das Volk feierte zwei Wochen lang (1Kö 8,62-66).

Im Orient werden Menschen durch gemeinsames Essen zu Freunden und Verbündeten. Es bedeutet das Ende der Feindseligkeiten, wie bei Jakob und seinem Schwiegervater Laban (1Mo 31,54) oder die Besiegelung der Freundschaft, wie beim Volk Israel und Jitro mit seinen Leuten (2Mo 18,12). In der heutigen Gemeinde ist das Abendmahl ein einfaches Mahl, das die Einheit der Familie Gottes widerspiegelt (1Kor 10,16-18; 11,18-34).

Das Heilsopfermahl bedeutete jedoch mehr als den gemeinsamen Genuss guten Essens und die Gemeinschaft von Menschen, die sich nahe standen. Es war außerdem ein Ausdruck freudiger Danksagung dafür, dass der Gläubige Frieden mit Gott hatte und sich in Gemeinschaft mit ihm befand. Er mag für einige unerwartete Segnungen gedankt haben, die Gott ihm geschickt hatte (3Mo 7,11-15); vielleicht hatte er ein Gelübde abgelegt, und Gott hatte seine Gebete beantwortet; vielleicht war er aber nur dankbar für alles, was Gott für ihn getan hatte, und wollte es allen kundtun (V. 16-18). Das Heilsopfer betonte die Tatsache, dass die Vergebung der Sünden zur Gemeinschaft mit Gott und mit Gottes Menschen führt.

3. Mose 7,11-38 umreißt die Bedingungen für das Festmahl, welche Teile vom Opfer das Volk aß und welche die Priester und was mit den Resten zu tun war. Das Blut und das Fett[6] wurden Gott geschenkt und durften niemals als normale Speise angesehen werden. (Für diese Regel gibt es außerdem gute Hygienegründe.) Eine Person, die be-

fleckt war, durfte nicht zum Festmahl erscheinen und wurde *»ausgerottet«* (V. 20-21.25.27; siehe 17,4.9-10.14; 18,29; 19,8; 20,3.5-6.17-18; 23,29). Im Falle einer Person, die den Sabbat gebrochen hatte, bedeutet *»ausgerottet«* den Tod (2Mo 31,12-14; 4Mo 15,32-36); aber es ist nicht als gewiss anzusehen, dass jede Verletzung der Opfergesetze ein Kapitalverbrechen darstellte. In einigen Fällen konnte »ausgerottet« auch »aus dem Lager geschickt« bedeuten, bis die Person den Anweisungen Gottes bezüglich seiner Reinigung Folge leistete (3Mo 15).

Am Kreuz erkaufte Jesus Christus die Versöhnung mit Gott (2Kor 5,16-21) und Frieden mit Gott (Kol 1,20) für alle, die auf ihn vertrauen. Wegen des von ihm vergossenen Blutes können wir Gemeinschaft mit Gott und anderen Gläubigen haben (1Jo 1,5–2,2). Wir »laben« uns an Christus, wenn wir uns von seinem Wort ernähren und uns alles aneignen, was er für uns ist und für uns getan hat. Statt Tieren bringen wir Gott *»Dankopfer«* (Ps 116,17) und *»Opfer des Lobes«* (Hebr 13,15) aus reinen Herzen, die dankbar sind für sein Erbarmen.

3. Reinigung durch Gott (3Mo 4–5; 6,1-7.24-30; 7,1-10)

Das Sündopfer und das Schuldopfer waren sich sehr ähnlich und wurden sogar durch das gleiche Gesetz geregelt (7,1-10). Generell könnte man sagen, dass das Schuldopfer für einzelne Sünden da war, die Auswirkungen auf Menschen oder Eigentum hatten und für die eine Entschädigung geleistet werden konnte. Das Sündopfer dagegen bezog sich auf einen Gesetzesbruch, der unbeabsichtigt begangen worden war. Das Schuldopfer betonte den *Schaden*, den der Täter anderen zugefügt hatte, während das Sündopfer die *Schuld* des Täters vor Gott betonte. Der Priester prüfte den Gesetzesbrecher und entschied, welches Opfer angemessen war.

Die wiederholte Formulierung *»aus Versehen«* (4,2.13.22.27; 5,15) bedeutet nicht, dass die Sünder das Gesetz nicht kannten, sondern dass sie sich ihres Gesetzesbruchs nicht bewusst gewesen waren. Sie hatten sich befleckt oder waren ungehorsam gewesen und wussten es nicht. Dennoch hebt Unwissenheit keine Schuld auf. *»Hat er es auch nicht erkannt, dann ist er ›doch‹ schuldig und soll seine Schuld tragen«* (V. 17; siehe V. 1-5 bezüglich der Beispiele für solche Sünden).[7] Sobald die

Sünde als solche erkannt war, musste das Bekenntnis und die Wiedergutmachung erfolgen. David benutzte die gleichen Worte, als er betete: *»Von den verborgenen ›Sünden‹ sprich mich frei!«* (Ps 19,13). Damit meint er Sünden, deren ich mir in meinem Leben nicht bewusst bin.

Für Menschen, die *»mit erhobener Hand«* und in Kenntnis von Gottes Gesetz bewusst Sünden begingen, war kein Opfer vorgesehen (4Mo 15,30-36).

Als David Batseba zu sich nahm und ihren Ehemann ermorden ließ (2Sam 11–12), sündigte er in vollem Bewusstsein und mit Absicht. Deshalb wusste er, dass die Gnade Gottes seine einzige Hoffnung war (Ps 51,3.13.18.19). Als König hätte er Tausende Opfer bringen können, aber sie wären dennoch keine »rechten Opfer« gewesen (V. 21).

Das Sündopfer (3Mo 4,1–5,13; 6,24-30) musste dem Herrn ohne Rücksicht auf die Person des Sünders dargebracht werden; je höher die Position des Sünders im Volke war, desto teurer musste das Opfer sein. Je größer das Privileg, desto größer die Verantwortung und die Folgen. Wenn der Hohepriester sündigte, musste er einen jungen Stier opfern (3Mo 4,1-12). Wenn die ganze Gemeinde sündigte, musste sie ebenfalls einen jungen Stier opfern (V. 13-22). Ein Fürst opferte einen Ziegenbock (V. 22-26), aber ein Mensch *»vom Volk des Landes«* opferte eine weibliche Ziege oder ein weibliches Schaf (V. 27-35). Arme Leute konnten eine Turteltaube oder eine Taube opfern, und eine sehr arme Person konnte ein unblutiges Opfer aus Weizengrieß darbringen (5,7-13).

Der Opfernde musste sich in allen Fällen mit dem Opfertier identifizieren, indem er seine Hände auf das Tier legte. Wenn die ganze Gemeinde gesündigt hatte, taten dies die Ältesten (4,15), denn als Führer waren sie vor Gott für die Aufsicht über das geistliche Leben des Volkes verantwortlich. Das Tier wurde geschlachtet und das Blut Gott dargebracht. Wenn der Hohepriester oder die Gemeinde betroffen waren, wurde etwas von dem Blut vor dem Vorhang versprengt und auf die Hörner des Räucheraltars im Heiligen aufgetragen; der Rest wurde am Fuß des Altars ausgegossen. Dies erinnerte die Nation daran, dass die Sünden von Führern weitaus größere Folgen hatten. Das Blut der Opfer, die von den Führern oder den einfachen Leuten dargebracht wurden, wurde auf die Hörner des Bronzealtars am Tor des Zeltes der Begegnung aufgetragen.

Beachten Sie, dass zwar das Fett des Opfers auf dem Altar verbrannt wurde, aber der Körper des Opfers an einem reinen Ort außerhalb des

Lagers verbrannt wurde (V. 8-12.21). Warum? Zum einen unterschied sich das Sündopfer dadurch vom Brandopfer und die Gläubigen wurden beim Zuschauen nicht verwirrt. Darüber hinaus erinnerte es das Volk daran, dass die Sünden des Hohenpriesters und der gesamten Gemeinde das ganze Lager befleckten und das Sündopfer zu heilig war, um in einem unheiligen Lager zu verbleiben. Außerdem war dies laut Hebräer 13,10-13 ein Bild für unseren Herrn Jesus Christus, der als unser Sündopfer *»außerhalb des Tores … außerhalb des Lagers«* (V. 12-13) starb.

Das Ergebnis dieses Rituals war Vergebung (3Mo 4,20.26.31.35; siehe 5,10.13; 5,26). Ich habe bereits bemerkt, dass die Opfer, obwohl Tieropfer weder Sünde wegnehmen noch das menschliche Herz verändern können, ein Hinweis waren auf das vollkommene Opfer Jesus Christus (Hebr 10,1-15). Er ist unser Sündopfer (Jes 53,4-6.12; Mt 26,28; 2Kor 5,21; 1Petr 2,24).

Das Schuldopfer (3Mo 5,14-26; 7,1-10) wurde für zwei Arten von Sünden verlangt: Sünden *»an den heiligen Dingen des Herrn«* (5,15) und gegen den Nächsten (5,20-26). Die erste Kategorie umfasste Vergehen, die mit Opfern für Gott, mit Gelübden, der Einhaltung der besonderen Tage usw. zu tun hatten; Beispiele für die zweite Kategorie finden wir in den Versen 21-22.

Das Ritual bestand darin, dass der Sünder seine Sünde bekannte (4Mo 5,7), das Eigentum oder seinen vollen Gegenwert in Geld erstattete, wobei er noch zusätzlich eine Strafe in Höhe von zwanzig Prozent des Wertes des beschädigten Eigentums zahlte, und dem Herrn einen Widder opferte (3Mo 5,15.18). Der Priester schätzte den Widder, um seinen Wert zu gewährleisten, damit der Schuldige nicht versuchte, seine Sünden zu sühnen, indem er dem Herrn etwas Minderwertiges schenkte. Die Entschädigung und die Strafgebühr wurden zuerst dem Priester ausgehändigt, damit er wusste, dass er das Opfer zulassen konnte. Wenn die geschädigte Partei nicht in der Lage war, die Wertsache oder das Geld entgegenzunehmen, konnte es einem Verwandten übergeben werden; wenn es keine Verwandten gab, blieb es beim Priester (4Mo 5,5-10).

Das Schuldopfer veranschaulicht die ernste Tatsache, *dass es für die Menschen eine höchst kostspielige Angelegenheit ist, Sünden zu begehen, und für Gott, diese Sünden zu bereinigen*. Unsere Sünden tun Gott weh, und sie tun auch anderen Menschen weh. Wahre Reue ist auch stets mit dem Wunsch nach Wiedergutmachung verbunden. Wir wollen die

Dinge wieder ins Lot bringen – mit Gott und mit denen, gegen die wir gesündigt haben. Vergebung erfahren wir nur durch den Tod eines unschuldigen Stellvertreters. Der Text in Jesaja 53,10 erklärt unmissverständlich, dass Gott seinen Sohn durch Jesu Tod am Kreuz zum »Schuldopfer« machte. Die Strafe, die wir hätten bezahlen müssen, bezahlte er für uns!

Wir haben uns leider nicht weiter in die Einzelheiten der unterschiedlichen Opfer vertiefen können, doch was wir bisher studiert haben, sollte genügen, um uns nicht nur die Abscheulichkeit der Sünde und die Bedeutung des Bekennens und der Wiedergutmachung bewusst zu machen, sondern auch die Barmherzigkeit Gottes, der denen vergibt, die an Jesus Christus glauben, und die unfassbare Liebe unseres Heilands, die sich darin zeigt, dass er gewillt war, für unwürdige Menschen wie uns zu sterben.

Jesus gibt uns alles, was wir brauchen. Er ist unser Brandopfer, und wir müssen uns ihm ganz übergeben. Er ist unser Speisopfer, das Korn, das zermahlen wurde und durchs Feuer ging, damit wir das Brot des Lebens haben können, von dem wir uns ernähren müssen. Er ist unser Trankopfer, das sich selbst als Opfer und im Dienst vergoss, und wir sollen uns für ihn und für andere vergießen. Er ist unser Heilsopfer, denn er macht unser Leben zu einem fröhlichen Festmahl statt zu einer schmerzlichen Hungersnot. Er ist unser Sündopfer, denn er ertrug unsere Sünden an seinem Leib (1Petr 2,24) und zahlte den vollen Preis für unsere Sünden (1,18-19).

Die Nation Israel musste sechs verschiedene Opfer darbringen, um eine rechte Beziehung mit Gott zu haben, aber Jesus Christus *»hat {ein} Schlachtopfer für Sünden dargebracht«* (Hebr 10,12) und löste unser Sündenproblem dadurch vollständig.

Glauben *Sie*, dass Jesus Christus für alle Ihre Sünden starb und Ihre volle Schuld bezahlt hat? Können Sie mit Maria sprechen: *»Meine Seele erhebt den Herrn, und mein Geist hat gejubelt über Gott, meinen Heiland«* (Lk 1,46-47)? Wenn nicht, dann vertrauen Sie sich ihm heute noch an; wenn Sie sich ihm bereits anvertraut haben, geben Sie die gute Nachricht an andere weiter.

»Dein Glaube hat dich gerettet«, sagte Jesus zu einer reuigen Sünderin. *»Geh hin in Frieden!«* (Lk 7,50).

Welch wundervolle Worte!

DREI

3. Mose 8–10

Ein Königreich von Priestern

Unter dem Alten Bund *hatte* Gottes Volk ein Priestertum, unter dem Neuen Bund *sind* Gottes Menschen *»ein heiliges Priestertum«* und ein *»königliches Priestertum«* (1Petr 2,5.9). Jeder, der an Jesus Christus glaubt, kann mit dem Apostel Johannes sprechen: *»Dem, der uns liebt und uns von unseren Sünden erlöst hat durch sein Blut und uns gemacht hat zu einem Königtum, zu Priestern seinem Gott und Vater: Ihm sei die Herrlichkeit und die Macht von Ewigkeit zu Ewigkeit! Amen«* (Offb 1,5-6).

Es war Gottes Wunsch, dass die gesamte Nation Israel *»ein Königreich von Priestern und eine heilige Nation«* (2Mo 19,6) werden sollte, aber sie enttäuschten ihn und wurden eine *»sündige Nation«*, ein *»schuldbeladenes Volk«* (Jes 1,4). Einer der Gründe dafür, dass die Nation moralisch und geistlich verkam, bestand darin, dass die Führer nicht gemäß Gottes Befehl heilig und gehorsam waren. Schließlich musste Gott Babylon schicken, um die Israeliten *»wegen der Verfehlungen ihrer Propheten, ›wegen‹ der Sünden ihrer Priester«* (Kla 4,13) zu züchtigen. *»Entsetzliches und Abscheuliches ist im Land geschehen«*, sagte Jeremia. *»Die Propheten weissagen falsch, und die Priester herrschen auf eigene Faust, und mein Volk liebt es so. Was werdet ihr aber am Ende von ›all‹ dem tun?«* (Jer 5,30-31).

Gott möchte, dass seine Gemeinde heute *»eine heilige Nation, ein Volk zum Besitztum«* ist: *»Damit ihr die Tugenden dessen verkündigt, der euch aus der Finsternis zu seinem wunderbaren Licht berufen hat«* (1Petr 2,9). Die jüdischen Priester waren privilegiert, aber sie verschmähten ihre Privilegien und halfen mit, die Nation in die Sünde zu führen. Auch nachdem die Juden aus Babylon in ihr Land zurückgekehrt waren und wieder ihren Glauben ausübten, gaben die Priester Gott nicht ihr Bestes, und Gott musste sie dafür maßregeln (Mal 1,6–2,17).

3. Mose 8–10 beschreibt die achttägige Einsetzungszeremonie für

den Hohenpriester Aaron und seine Söhne. Als Gottes auserwählte Priester mussten sie drei ernste Aufgaben erfüllen: sich Gottes Autorität unterwerfen (Kap. 8), Gottes Herrlichkeit offenbaren (Kap. 9) und Gottes Disziplin akzeptieren (Kap. 10).

1. Sich Gottes Autorität unterwerfen (3Mo 8,1-36)

Mindestens zwanzig Mal findet man in diesen drei Kapiteln die Formulierung »wie der Herr *geboten hat*«. Mose und Aaron mussten sich keine Einsetzungszeremonie ausdenken. Der gleiche Gott, der Mose Anweisungen zum Bau des Zeltes der Begegnung gab, sagte ihm auch, wie die Priester einzusetzen waren und wie sie im Zelt der Begegnung dienen sollten (2Mo 28–29). Nichts wurde dem Zufall oder der Phantasie überlassen. Mose sollte alles so ausführen, wie Gott es ihm auf dem Berg gezeigt hatte (25,40; 26,30; 27,8; Hebr 8,5).

Im Dienst der Gemeinde müssen geistliche Führer permanent die Frage stellen: *»Denn was sagt die Schrift?«* (Röm 4,3). Gott hat uns nicht im Dunkeln darüber gelassen, was seine Gemeinde ist, wie sie geführt werden soll und was sie tun soll. Aber wenn wir Gottes Wort durch die Gedanken von Menschen ersetzen, *werden* wir im Dunkeln stehen (Jes 8,20)! Es gibt religiöse Neuheiten und Trends im Überfluss, die anwachsende Mengen hervorbringen, aber sie ehren nicht immer den Herrn und bauen auch nicht immer die Gemeinde. Wir brauchen Führer wie Mose, die Zeit *»auf dem Berg«* verbringen und im Wort erkennen, was Gott von seinem Volk erwartet.

Die Versammlung wird einberufen (V. 1-5). Die Einsetzung von Aaron und seinen Söhnen war ein öffentliches Ereignis, wie es überhaupt jede Beauftragung zum Dienst sein sollte (Apg 13,1-3; 16,1-3; 1Tim 4,14). Zuallererst waren die Priester natürlich dazu ausersehen, Gott zu dienen und danach zu trachten, ihm zu gefallen (2Mo 28,1.3-4.41), doch darüber hinaus wurden sie auch zu Dienern des Volkes. Es wäre für die Menschen im Lager unmöglich gewesen, sich alle gleichzeitig vor dem Tor zum Zelt der Begegnung zu versammeln, deshalb kamen wahrscheinlich die Ältesten und die Anführer zusammen, die die Stämme und die verschiedenen Großfamilien vertraten (3Mo 9,1). Es ist eine ernste Sache, wenn man zum geistlichen Dienst berufen wird, und es muss unter der Autorität Gottes und mit den Menschen Gottes als Zeugen geschehen.

Aaron und seine Söhne werden gewaschen (V. 6). Dies mag am Waschbecken im Hof des Zeltes der Begegnung geschehen sein (2Mo 38,8). Die Priester wurden *nur einmal* einer rituellen Ganzkörperwaschung unterzogen; danach wuschen sie sich während ihres Dienstes im Zelt der Begegnung die Hände und Füße am Waschbecken (30,17-21). Wenn Sünder auf Gott vertrauen, werden ihre Sünden ein für allemal abgewaschen (Offb 1,5-6; 1Kor 6,9-11); Gottes Kinder müssen ihre Füße sauber halten, indem sie dem Herrn ihre Sünden bekennen (Joh 13,1-10; 1Jo 1,9). In der Bibel ist Wasser zum Waschen ein Bild für das Wort Gottes (Ps 119,9; Joh 15,3; Eph 5,25-27). Wenn wir über das Wort Gottes nachdenken und es auf unser Leben anwenden, benutzt der Geist Gottes das Wort, um uns zu reinigen und uns Christus ähnlicher werden zu lassen (2Kor 3,18).

Aaron wird angekleidet (V. 7-9). Aaron und seine Söhne trugen alle leinene Unterkleider (2Mo 28,42-43; 3Mo 6,8-10; siehe 2Mo 20,26), aber der Hohepriester trug ganz besondere und prachtvolle Gewänder, die in 2. Mose 28 beschrieben werden. Zuerst bekleidete Mose Aaron mit dem prächtig gewebten weißen Unterkleid und band es mit der Schärpe zusammen. Darüber zog er ihm das violette Oberkleid, dessen Saum mit goldenen Glöckchen und Granatäpfeln besetzt war. Darüber kam das leinene Ephod, ein ärmelloses Gewand, das von einem besonderen Gürtel zusammengehalten wurde; sowohl das Ephod als auch der Gürtel waren mit karmesinroten, violetten, purpurfarbenen und goldenen Fäden prächtig bestickt. Über das Ephod kam die Brusttasche, ein besticktes und doppelt gelegtes Stück Stoff, auf dem zwölf Edelsteine die zwölf Stämme Israels darstellten und das *»die Urim und die Tummim«*[1] enthielt. Auf dem Kopf trug der Hohepriester einen leinenen Turban mit einem besonderen goldenen Stirnblatt, auf dem die Worte HEILIGKEIT DEM HERRN eingraviert waren.

Jeder »Priester durch Glauben« ist in die Schönheit und Gerechtigkeit von Jesus Christus gekleidet und in ihm angenommen (Jes 61,10; 2Kor 5,21; Eph 1,6). Unsere Gerechtigkeit ist in Gottes Augen nicht mehr als ein beflecktes Kleid (Jes 64,5). Wie müssen unsere Sünden für einen heiligen Gott aussehen! Der Hohepriester war vor Gott angenommen wegen der Gewänder, die Gott in seiner Gnade bereitstellte.

Aaron und das Zelt der Begegnung werden gesalbt (V. 10-12). Dies geschah mit einem speziell zubereiteten Öl, das niemand im Lager kopieren durfte und das nur an einem Priester verwendet werden durfte (2Mo 30,22-33). In der Schrift ist Öl häufig ein Symbol für den Geist Gottes, der jeden Gläubigen gesalbt hat (2Kor 1,21; 1Jo 2,20.27; siehe Ps 133). Das hebräische Wort »Messias« und das griechische Wort »Christus« bedeuten beide »der Gesalbte« (Lk 4,18; Apg 10,38). Die Tatsache, dass »das Öl der Salbung des Herrn« an den Priestern haftete, erhob sie über den Rest des Volkes und regelte, was sie tun durften und was nicht (3Mo 8,30; 10,7; 21,12).

Aarons Söhne werden angekleidet (V. 13). Sie trugen nicht die gleichen prächtigen Gewänder wie der Hohepriester, doch die ihrigen waren ebenfalls von Gott bestimmt, denn ihre Leinenkleidung und ihre Turbane symbolisierten Heiligkeit vor Gott in ihrem Charakter und Benehmen. *»Sondern zieht den Herrn Jesus Christus an, und treibt nicht Vorsorge für das Fleisch, dass Begierden wach werden!«* (Röm 13,14).

Die verschiedenen Opfer werden dargebracht (V. 14-29). Der Jungstier des Sündopfers für Aaron und seine Söhne ermöglichte ihre Reinigung von ihren Sünden, und der Widder des Brandopfers symbolisierte ihre vollkommene Hingabe an den Herrn. Das Blut des Sündopfers heiligte sogar den Altar.

Der *»Widder der Einweihung«* (V. 22) übernahm den Platz des Heilsopfers und symbolisierte ihre Gemeinschaft miteinander und mit dem Herrn. Das Wort, das mit »Einweihung« oder »Einsetzung« übersetzt wird, bedeutet »anfüllen«. Ein Teil des Opfers wurde mit einem Speisopfer (V. 25-26) auf Aarons Hände gelegt, die auf diese Weise gefüllt wurden, und dann als Schwingopfer vor dem Herrn geschwungen. Später wurde es gegessen. Doch der einzigartige Teil der Zeremonie bestand darin, dass Blut und Öl auf das rechte Ohr, den rechten Daumen und den rechten großen Zeh Aarons und seiner Söhne aufgetragen wurden. Dies symbolisierte, dass sie hervorgehoben waren, um Gottes Stimme zu hören, Gottes Werk zu tun und auf Gottes Wegen zu wandeln.

Das Vergießen von Blut war notwendig, bevor Gott Aaron und seine Söhne als Diener in seinem heiligen Zelt der Begegnung annehmen konnte. Unser Hoherpriester Jesus Christus musste keine solchen Opfer darbringen, weil er der heilige Sohn Gottes ist (Hebr 9). Stattdessen ist er selbst das eine vollkommene Opfer, *»das die Sünde der Welt wegnimmt«* (Joh 1,29).

Die *Priester werden gesalbt (V. 30)*. Aaron war bereits mit dem heiligen Öl überschüttet worden (3Mo 8,12), doch nun wurden sowohl er selbst als auch seine Söhne mit dem Öl und dem Blut der Opfer, das auf dem Altar war, besprengt. Dies bedeutete, dass sowohl sie als auch ihre Kleider »geheiligt« waren, d.h. von Gott einzig für sich reserviert. Weder die Priester noch ihre Gewänder konnten für irgendwelche »gewöhnlichen« Zwecke benutzt werden. Sie gehörten ganz Gott.

Der Einweihungswidder wird gegessen (V. 31-36). Während der nächsten Woche mussten Aaron und seine Söhne im Hof des Zeltes der Begegnung bleiben, und jeden Tag brachte Mose weitere Opfer dar wie die, die er am »Einweihungstag« dargebracht hatte (2Mo 29,35-36). Die Priester aßen dann das Fleisch des »Einweihungswidders« sowie das Brot des Speisopfers, wie sie auch die Heilsopfer gegessen hätten. Dennoch bestand ein Unterschied: Es war ihnen nicht erlaubt, das Fleisch am folgenden Tag zu essen (3Mo 7,15-16). Alle Reste mussten noch am gleichen Tag verbrannt werden. Die sieben Tage, die sie im Bereich des Zeltes der Begegnung verbrachten, stellten die Vollendung ihrer Hingabe an den Herrn dar. Wären sie ungehorsam gewesen und hätten das Zelt der Begegnung verlassen, wären sie gestorben. Es war eine ernsthafte Angelegenheit, ein Priester Gottes zu sein.[2]

2. Gottes Herrlichkeit offenbaren (3Mo 9,1-24)

Aaron und seine Söhne hatten Gottes Befehlen gehorcht. Deshalb waren sie, als die Woche vorbei war, bereit dafür, dem Herrn am Altar zu dienen. Bis zu diesem Punkt hatte Mose die Opfer gebracht, von nun an würden Aaron und seine Söhne ihren priesterlichen Dienst beginnen.

Auf Gottes Altar opfern (V. 1-21). Aaron und seine Söhne mussten ein junges Kalb als Sündopfer und einen Widder als Brandopfer darbringen; von nun an würden sie jeden Morgen und jeden Abend ein

Brandopfer auf dem Altar darbringen (V. 16; 2Mo 29,38-42). Jeder Tag muss mit der vollkommenen Hingabe an den Herrn beginnen und enden. Da sie unvollkommen waren, mussten die Priester zuerst Opfer für sich selbst darbringen, bevor sie für das Volk opfern konnten (siehe Hebr 7,25-28).

Zu ihrer Einweihung gehörte aber auch das Darbringen von Opfern für das Volk (3Mo 9,3-4): ein Ziegenbock für ein Sündopfer, ein Kalb und ein Lamm für Brandopfer und ein Stier und einen Widder für Heilsopfer, jeweils zusammen mit den Speisopfern. Es wäre nicht recht gewesen, geheiligte Priester, aber kein geheiligtes Volk zu haben. Wie gnädig von Gott, Sündern einen Weg zur Vergebung, zur Hingabe und zum Heil anzubieten: Wir haben dies alles in unserem Herrn Jesus Christus!

Mose sprach zum Volk und sagte ihm, dass die Herrlichkeit des Herrn erscheinen würde, wenn die Einweihung vollendet wäre (V. 6), wie seine Herrlichkeit auch erschienen war, als das Zelt der Begegnung vollendet gewesen war (2Mo 40,34-38). *Eines der Hauptziele des Dienstes im Zelt der Begegnung bestand darin, den Gott Israels zu verherrlichen, dessen Herrlichkeit auf der Deckplatte im Allerheiligsten wohnte*. Die heidnischen Nationen, unter denen sie lebten, hatten ebenfalls Priester und Opfer, aber sie hatten nicht die Herrlichkeit Gottes. Stattdessen »verherrlichten sie ihn, aber nicht als Gott« und »verwandelten die Herrlichkeit des unvergänglichen Gottes in das Gleichnis eines Bildes« (Röm 1,21.23). Gott hasst Götzenverehrung, weil sie ihn der ihm geschuldeten Herrlichkeit beraubt, und sie beraubt Gottes Menschen der Segnungen, die er mit ihnen teilen will.

Als Aaron alle diese Opfer beendet hatte, war ihm und seinen Söhnen vergeben und sie waren ganz an Gott hingegeben und in Gemeinschaft mit ihm. Die Reihenfolge der Opfer ist bemerkenswert: Wir müssen uns erst mit unseren Sünden befassen, bevor wir uns ganz an den Herrn hingeben können, danach können wir des Heils teilhaftig werden.

Gottes Segnungen teilen (V. 22-23a). Eines der Privilegien des Hohenpriesters bestand darin, dass er das Volk segnete; an jenem ersten Tag seines Dienstes jedoch segnete Aaron das Volk *zwei Mal*. Zuerst segnete er es allein, nachdem er die Opfer dargebracht hatte; das zweite Mal segnete er das Volk gemeinsam mit Mose, nachdem sie wieder aus dem Zelt der Begegnung gekommen waren und die Einweihungszeremonie beendet war.

Der erste Segen war wahrscheinlich der hohepriesterliche Segen, der in 4. Mose 6,23-26 niedergeschrieben ist. Er folgte auf die Opferung. Dadurch werden wir daran erinnert, dass sich jeder Segen, der uns zuteil wird, auf das vollendete Werk Jesu Christi am Kreuz gründet (Eph 1,3-7). Wenn wir nicht Jesus Christus als unseren Heiland und Herrn kennen, haben wir keine eigenen geistlichen Segnungen und können Gott nicht bitten, andere durch uns zu segnen. Der zweite Segen fand statt, nachdem Mose und Aaron Zeit im Zelt der Begegnung verbracht hatten, und dies erinnert uns daran, dass wir mit Gott und untereinander Gemeinschaft pflegen müssen, um ein Segen für andere zu sein.

Gottes Herrlichkeit sehen (V. 23-24). Die Herrlichkeit des Herrn war erschienen, als Mose mit dem Bau des Zeltes der Begegnung fertig war (2Mo 40,34-35) und sie würde zur Einweihung des Tempels wieder erscheinen (2Chr 7,1ff.). Wie gnädig von Gott, seine Herrlichkeit mit sündigen Menschen zu teilen!

Die Herrlichkeit, die im Zelt der Begegnung wohnte, verließ schließlich das Lager wegen der Sünden der Menschen (1Sam 4,21). Sie kehrte zur Einweihung des Tempels zurück, aber dann sah der Prophet Hesekiel sie entweichen, weil die Nation so sündig wurde (Hes 8,4; 9,3; 10,4.18; 11,22-23). Die Herrlichkeit kam auf die Erde, als Jesus geboren wurde (Lk 2,8-9) und wohnte in ihm (Joh 1,14), aber sündige Menschen nagelten diese Herrlichkeit an ein Kreuz. Heute wohnt Gottes Herrlichkeit in den Körpern der Gläubigen (1Kor 6,19-20), in jeder einzelnen Zusammenkunft seiner Menschen als Ortsgemeinde (3,16-17) und in seiner Gemeinde als Ganzes (Eph 2,19-22). Eines Tages werden wir diese Herrlichkeit sehen, wie sie die vollkommene himmlische Stadt erleuchtet, die Gott für seine Menschen vorbereitet (Offb 21,22-23).

Das Feuer Gottes verzehrte das Brandopfer (siehe 2Chr 7,1-3) und schenkte dem Volk die Sicherheit, dass ihr Jahwe Gott unter ihnen und bei ihnen war. *»Unser Gott ist ein verzehrendes Feuer«* (Hebr 12,29), und dieses Feuer hätte das Volk verzehren können! Dies erinnert uns daran, dass der Zorn Gottes auf seinen Sohn statt auf Sünder fiel, die es verdient hätten, gerichtet zu werden (2Kor 5,21; 1Petr 2,24).

Die paradoxe Reaktion des Volkes hilft uns, die Erfahrung der Anbetung besser zu verstehen, denn es war sowohl freudig als auch überwältigt. Sie jauchzten voller Freude im Herzen, weil der wahre und lebendige Gott sich dazu herabließ, unter ihnen zu wohnen und ihre Anbetung zu empfangen. Aber es bestand auch Furcht, denn die Leute fielen auf ihr Angesicht. Die beiden Reaktionen halten sich die Waage. *»Dienet dem HERRN mit Furcht, und jauchzt mit Zittern!«* (Ps 2,11). Paulus sah dies in der Zusammenkunft der Ortsgemeinde als eine wünschenswerte und normale Erfahrung an (1Kor 14,23-25). Wenn unser Dienst Gott nicht verherrlicht, kann Gott ihn nicht segnen und dazu benutzen, andern zu helfen und die Verlorenen zu gewinnen.

3. Gottes Disziplin akzeptieren (3Mo 10,1-20)

Der Tag, der mit der herrlichen Anbetung Jahwes hätte enden sollen, erreichte stattdessen seinen Höhepunkt in der Beerdigung von zwei von Aarons Söhnen. Die Worte von C.H. Mackintosh sind angemessen und machtvoll:

> Die Geschichte der Menschheit bildet von Anfang bis Ende ein Verzeichnis von Fehlern und Sünden. Inmitten all der Freuden Edens lauscht der Mensch auf die Lüge des Versuchers (1Mo 3). Durch die Hand einer auswählenden Liebe gegen das Gericht geschützt und zum Herrn einer wiederhergestellten Erde eingesetzt, macht er sich der Sünde der Unmäßigkeit schuldig (1Mo 9). Durch den ausgestreckten Arm des HERRN in das Land Kanaan gebracht, verlässt er den HERRN und dient dem Baal und den Astaroth (Ri 2,13). Auf den Gipfel irdischer Macht und Herrlichkeit geführt, im Besitz unermesslicher Reichtümer und mit allen Hilfsquellen der Welt zu seiner Verfügung, schenkt er sein Herz dem unbeschnittenen Fremdling (1Kö 11). Kaum sind in späteren Tagen die Segnungen des Evangeliums angekündigt, so sieht sich der Heilige Geist gezwungen, in prophetischer Weise von »verderblichen Wölfen«,

von »Abfall« und von allerlei Arten von Sünde zu reden ... So verdirbt der Mensch alles.[3]

Nadabs und Abihus Sünde (V. 1-2). Alles, was diese beiden Männer taten, war falsch. Zuerst einmal waren sie *die falschen Leute*, um mit dem Räucherwerk umzugehen und es dem Herrn darzubringen. Dies war die Aufgabe ihres Vaters, des Hohenpriesters (2Mo 30,7-10). Außerdem benutzten sie *die falschen Gerätschaften*, also ihre eigenen Räucherpfannen statt des Räucheraltars des Hohenpriesters, der durch das besondere Salböl geheiligt war (40,9). Sie handelten *zur falschen Zeit*, denn der Hohepriester durfte lediglich an dem jährlich wiederkehrenden Versöhnungstag Räucherwerk in das Allerheiligste bringen, und auch dann musste er sich einer besonderen Anordnung unterwerfen (3Mo 16,1ff.).

Sie handelten *unter der falschen Autorität*. Sie zogen weder Mose noch ihren Vater zu Rate und bemühten sich auch nicht, dem Wort Gottes zu folgen, das Mose erhalten hatte. Indem sie das Räucherwerk verbrannten, benutzten sie *das falsche Feuer*, was von der Schrift als *»fremdes Feuer«* bezeichnet wird. Dem Hohenpriester war befohlen, dieses Räucherwerk auf Kohlen zu verbrennen, die von dem Bronzealtar kamen (16,12), aber Nadab und Abihu hatten ihr eigenes Feuer und Gott wies es zurück. Sie handelten *aus dem falschen Motiv heraus* und versuchten nicht, einzig Gott zu verherrlichen (10,3). Wir kennen die Geheimnisse ihrer Herzen nicht, aber man kann sich des Eindrucks nicht erwehren, dass ihre Tat ein eigenwilliger Akt des Stolzes ist. Es war nicht ihr Wunsch, den Herrn zu heiligen und zu verherrlichen, sondern sich selbst in den Vordergrund zu drängen und sich wichtig zu machen.

Schließlich verließen sie sich auf *die falsche Kraft*; die Verse 8-9 lassen darauf schließen, dass sie alkoholisiert waren. Dies erinnert uns an Epheser 5,18: *»Und berauscht euch nicht mit Wein ... sondern werdet voller Geist.«* Wenn jedes Gotteskind getötet werden würde, das die Macht des Geistes durch irdische Kraft ersetzt, blieben nicht viele übrig! A.W. Tozer hat einst gesagt: »Wenn Gott seinen Heiligen Geist aus dieser Welt nehmen würde, würde vieles von dem, was die Gemeinde tut, einfach weiterlaufen und niemand würde den Unterschied bemerken.«

Nadab und Abihu waren keine Laien; sie waren gesalbte Priester, *die Gott auf dem Berg gesehen hatten* (2Mo 24,1-11). Ihr Vater war der Hohepriester und sie waren im Dienst des Herrn geschult. Dennoch wurden sie für ihren Ungehorsam getötet! *»Daher, wer zu stehen meint, sehe zu, dass er nicht falle«* (1Kor 10,12). Es ist eine ernsthafte Angelegenheit, ein Diener Gottes zu sein, und unser Dienst muss durch seinen Geist befähigt und von seinem Wort beherrscht sein. Wir müssen *»Gott wohlgefällig dienen mit Scheu und Furcht! Denn auch unser Gott ›ist ein verzehrendes Feuer‹«* (Hebr 12,28-29).

Aarons Leid (V. 3-11). Die Privilegien des geistlichen Amtes bringen auch Aufgaben und Opfer mit sich. Aaron durfte den Tod seiner beiden älteren Söhne nicht betrauern (3Mo 10,6-7; 21,10-12), sondern musste sich im Bereich des Zeltes der Begegnung aufhalten und die Einweihungshandlung vollenden. Zwei seiner Cousins kümmerten sich um die Beerdigung der Leichname (3Mo 10,4-5).

Es mag uns unverständlich erscheinen, dass Gott Nadab und Abihu tötete, statt sie zu verwarnen. Aber in einer neuen Ära der Heilsgeschichte richtete der Herr häufig, um das Volk zu warnen. Der Priesterdienst im Zelt der Begegnung sollte beginnen und der Herr wollte gewährleisten, dass die Priester die Bedeutung ihrer Arbeit ermessen konnten. Als Israel das Verheißene Land betrat, benutzte Gott Achans Ungehorsam als Warnung (Jos 7), und der Tod von Usa war seine Warnung, als die Lade nach Jerusalem gebracht wurde (2Sam 6,1-7). In den frühen Tagen der Gemeinde diente der Tod von Hananias und Saphira den Heiligen als Warnung, damit sie nicht versuchen würden, Gott zu belügen (Apg 5).

Es genügte nicht, dass die Priester das Volk über den Unterschied zwischen Heiligem und Unheiligem belehrten; sie mussten es auch in ihrem eigenen Leben umsetzen. Dies ist einer der Schwerpunkte der Botschaft des Propheten Hesekiel (Hes 22,26; 42,20; 44,23; 48,14-15).

Aarons Aufrichtigkeit (V. 12-20). Da Mose sich Sorgen machte, dass ein weiterer Befehl des Herrn nicht befolgt werden könnte und Gott wieder richten würde, ermahnte er Aaron und seine beiden verbliebenen Söhne, ihren Anteil an den Heilsopfern zu essen (3Mo 7,28-36). Sie sollten auch ihren Anteil am Sündopfer essen (7,1-7). Mose entdeckte, dass das Sündopfer nicht gemäß dem Gesetz dargebracht worden war und dass Aaron und seine Söhne es nicht gegessen hatten. Zuerst war er zornig, aber Aarons Erklärung stellte ihn zufrieden.

Aaron erklärte, dass er das Opfer nicht mit gutem Gewissen essen konnte wegen des Leids, dass ihm an jenem Tag widerfahren war. Der Herr kannte sein Herz und er wollte nicht versuchen, Gott zu täuschen, indem er heuchelte. Aaron wusste, dass eine rein mechanische Durchführung der Anweisungen Gott nicht gefallen würde, denn der Herr sieht das Herz an und will Gehorsam anstelle von Opfern (1Sam 15,22-23; 16,7; Ps 51,16-17; Mi 6,6-8). Das Gesetz erlaubte es Aaron nicht, seinem Leid auf die übliche Weise Ausdruck zu verleihen, aber es verbot ihm nicht zu fasten, und Fasten war seine Art, seinen Schmerz über den Verlust seiner beiden Söhne auszudrücken.

Wenn Sie auf diese drei Kapitel zurückblicken, treten verschiedene Lektionen deutlich zutage:

1. Gottes Wort gibt uns in Bezug auf unseren Dienst Befehle, und wir müssen dem gehorchen, was es sagt. Gottes Anweisungen für die Priester des Alten Testaments sind ausführlicher als für die Geistlichen des Neuen Testaments, aber im Neuen Testament werden eindeutige Grundlagen und Beispiele genannt, damit wir nicht vom rechten Weg abkommen.

2. Wir geben uns Gott hin und er weiht uns für unseren Dienst für ihn. Er möchte Diener, die rein, ergeben, gehorsam und »gezeichnet« sind durch das Blut und das Öl.

3. Abgesehen von dem vollendeten Werk Christi und der Macht des Geistes können wir Gott nicht auf annehmbare Weise dienen (1Petr 2,5). Kein noch so starker irdischer Glaubenseifer oder *»fremdes Feuer«* kann die durch den Geist erfüllte Hingabe an den Herrn ersetzen. Gehen Sie sicher, dass das »Feuer« Ihres Dienstes von Gottes Altar kommt und nicht aus dieser Welt.

4. Zuallererst dienen wir dem Herrn zu seiner Ehre. Ganz egal, wie sehr wir opfern und dienen – wenn wir Gott nicht die Ehre geben, kann es keinen Segen geben.

5. Die Privilegien des geistlichen Dienstes bringen bedeutende Aufgaben mit sich. *»Jedem aber, dem viel gegeben ist – viel wird von ihm verlangt werden«* (Lk 12,48).

6. Es sollte unsere größte Freude im Leben sein, dem Herrn zu dienen und seinen Namen zu verherrlichen. *»Dienet dem HERRN mit Furcht, und jauchzt mit Zittern!«* (Ps 2,11).

VIER

3. Mose 11–12

Reinlichkeit und Frömmigkeit

»Reinlichkeit kommt gleich nach Frömmigkeit.«

Diese Redensart wird im allgemeinen John Wesley zugeschrieben,[1] doch es ist anzunehmen, dass dieses Sprichwort schon vor seiner Zeit bekannt war. Tatsächlich lässt die Art und Weise, wie Wesley es in seiner Predigt »Über die Kleidung« zitiert, darauf schließen, dass es seine Zuhörer bereits kannten.

Die Juden hätten diese Feststellung sofort unterschrieben; im Lager Israels waren die Begriffe *Reinlichkeit* und *Frömmigkeit* so sehr miteinander verwoben, dass sie fast gleichbedeutend waren. Die Juden fürchteten, wegen etwas rituell unrein zu werden, was sie berührt oder gegessen hatten. Von der Geburt bis in den Tod mussten die Juden jeden Aspekt ihres täglichen Lebens der Autorität von Gottes Gesetz unterwerfen. Ob es sich um die Auswahl und die Zubereitung der Speisen, die Fürsorge für eine Mutter und ihr Neugeborenes, die Erkennung einer Krankheit oder die Entfernung von Abfall handelte – im Lager Israels blieb es nicht dem Zufall überlassen, ob jemand sich befleckte. Um seine kultische Reinheit zu erhalten, musste jeder Jude in unterschiedlichen Bereichen seines Lebens Gottes Gesetz gehorchen.

1. Essen (3Mo 11,1-23)

Da Noah reine und unreine Tiere kannte (1Mo 7,1-10), war diese Unterscheidung wohl Teil einer Tradition, die noch älter als das mosaische Gesetz war. Ob ein Lebewesen *»rein«* oder *»unrein«* war, hatte nichts mit dem Zustand des Tieres zu tun; es hing einzig davon ab, was Gott über das Tier sagte. Als er diese Gesetze erließ, hatte der Herr zweifellos die Gesundheit seines Volkes im Sinn (2Mo 15,26;

5Mo 7,15), aber der Hauptzweck der Speisevorschriften bestand darin, die Israeliten daran zu erinnern, dass sie zu Gott gehörten und deshalb verpflichtet waren, sich von allem fernzuhalten, was sie beflecken würde. *»So heiligt euch und seid heilig, denn ich bin heilig!«* (3Mo 11,44; siehe 5Mo 14,3-20 bezüglich einer Liste reiner und unreiner Speisen).

Doch das geistliche Prinzip des Fernhaltens von Befleckung ist auch heute auf die Gläubigen anwendbar. Die Tatsache, dass wir Gott kennen, muss für jeden Bereich unseres Lebens von Bedeutung sein. *»Denn ihr seid um einen Preis erkauft worden. Verherrlicht nun Gott mit eurem Leib!«* (1Kor 6,20). *»Ob ihr nun esst oder trinkt oder sonst etwas tut, tut alles zur Ehre Gottes!«* (1Kor 10,31). Gott hat seiner Gemeinde keine Liste von Dingen gegeben, die rein oder unrein sind, sondern er hat uns in seinem Wort genug offenbart, um uns erkennen zu lassen, was ihm gefällt und was ihn schmerzt.

Drei Tatsachen bezüglich der Speisegesetze sollten beachtet werden: (1) Gott schenkte diese Gesetze lediglich der jüdischen Nation; (2) ihre Befolgung gewährleistete kultische Reinheit, aber sie machte einen nicht automatisch zu einer Person mit einem heiligen Wesen; und (3) die Gesetze waren nur vorübergehender Natur und wurden am Kreuz Christi aufgehoben (Kol 2,14).

Jesus machte seinen Jüngern deutlich, dass alle Speisen rein waren (Mk 7,1ff.), und Gott lehrte Petrus das Gleiche nochmals, bevor er ihn aussandte, um unter den »unreinen« Heiden zu dienen (Apg 10,9-16). Paulus bekräftigte, dass besondere Tage und Speisepläne weder als das *Mittel* noch als das *Maß* der Geistlichkeit einer Person anzusehen sind (Röm 14,1–15,13). *»Speise aber macht uns nicht angenehm vor Gott; weder sind wir, wenn wir nicht essen, geringer, noch sind wir, wenn wir essen, besser«* (1Kor 8,8). Es ist verkehrt, Mitchristen auf der Grundlage dessen zu beurteilen, was sie essen (Kol 2,16-23). Solange sie an Gottes Wort glauben, das besagt, dass alle Speisen rein sind und Gott bitten, ihre Speise zu segnen, haben sie auch das Recht, sie zu essen (1Tim 4,1-6).[2]

Es ist nicht nötig, jedes Lebewesen, das in diesem Kapitel genannt wird, näher zu identifizieren. Tatsächlich geben uns einige davon Rätsel auf. Beachten Sie, dass das Gesetz *charakteristische* Tiere nannte und nicht den Versuch unternahm, eine vollständige Liste aufzustellen.

Mose benannte die allgemeinen Charakteristika der Lebewesen, die erlaubt waren oder auch nicht, und das Volk musste bei der Anwendung des Gesetzes seine Unterscheidungsfähigkeit unter Beweis stellen. Wenn bei einem bestimmten Tier Unklarheit bestand, wurde es zurückgewiesen; es hatte keinen Sinn, das Risiko einzugehen, dass man sich befleckte.

Landtiere (V. 1-8). Die beiden Anforderungen bestanden darin, dass das Tier wiederkäuen und gespaltene Hufe haben musste. Ein Tier, das nur eine dieser Anforderungen erfüllte, wurde nicht als rein angesehen und war zurückzuweisen. Das hebräische Wort, das in Vers 6 mit »Hase« übersetzt wird, bezieht sich auf ein Tier, das wir nicht kennen, denn die uns bekannten Hasenarten sind keine Wiederkäuer. Die Bewegungen des Kiefers und der Nase mögen den Eindruck erwecken, dass der Hase wiederkäut, aber dem ist ganz und gar nicht so.

Wassertiere (V. 9-12). Sie mussten sowohl Schuppen als auch Flossen haben, um essbar zu sein; daher waren alle Schalentiere, Welse und Aale verboten. Wasserlebewesen, die Aasfresser sind und auf dem Grund eines stehenden Gewässer graben, infizierten sich möglicherweise mit Parasiten, die die Gesundheit des Menschen gefährden könnten. Da Fische frei im Wasser herumschwimmen, ziehen sie sich solche Infektionen üblicherweise nicht zu.

Geflügel (V. 13-19). Aasfressende Raubvögel waren sowohl durch die Kadaver ihrer Opfer als auch durch das Blut befleckt, das sich noch im Fleisch befand, und wurden dadurch doppelt unrein. Als Israel Appetit auf Fleisch hatte, sandte der Herr ihnen Wachteln (2Mo 16,1-13; 4Mo 11,31-35).

Fliegende Insekten (V. 20-23). Alle Insekten waren verboten außer solchen, die »Unterschenkel hatten oberhalb ihrer Füße, um damit auf der Erde zu hüpfen«, wie Wanderheuschrecken, Laubheuschrecken, Grillen und Grashüpfer. Diese Lebewesen gehören üblicherweise nicht auf einen westlichen Speiseplan, aber viele orientalische Völker essen manche ihrer Körperteile geröstet. Johannes der Täufer lebte von Heuschrecken und wildem Honig (Mt 3,4). Die Juden mieden Kakerlaken, Fliegen und andere Insekten dieser Art.

Vor einigen Jahren stellte mein Arzt im Verlauf meiner jährlichen Routineuntersuchung fest, dass mein Blutzuckerwert recht hoch war.

Er überprüfte dies sehr gründlich und teilte mir dann mit, dass ich ein grenzwertiger Diabetiker sei und Gefahr lief, echte Probleme zu bekommen, wie zum Beispiel einen Herzanfall oder Blindheit. Die einfachste Lösung für mein Problem war eine Gewichtsreduktion, und deshalb begann ich sofort mit einer Diät.

Er gab mir einen guten Rat: »Denken Sie daran, dass das Geheimnis einer erfolgreichen Diät darin besteht, die Dinge hassen zu lernen, die nicht gut für Sie sind, und die Dinge zu genießen, die gut für Sie sind!«

Es funktionierte! Ich befolgte die Diät, verlor meinen Appetit auf Süßes und gehaltvolle Desserts und bald auch meine überschüssigen Pfunde, die meine Gesundheit, wenn nicht sogar mein Leben bedrohten. Wir bekamen den Diabetes unter Kontrolle.

Die Juden unter dem Alten Bund mussten sich eine ähnliche Sicht der Dinge angewöhnen. Sie mussten lernen, die Speisen zu verabscheuen, von denen Gott sagte, dass sie unrein waren und die Speisen zu genießen, die Gott als rein benannte. Sie mussten die Wahl treffen, ob sie sich eine Freude bereiten und dadurch unrein sein wollten oder Gott eine Freude bereiten und rein sein wollten. Dazwischen gab es nichts. Wenn eine Speise in Frage stand, war sie automatisch zurückzuweisen, damit man nicht Gott gegenüber ungehorsam wurde und sich befleckte.

Als ich ein junger Gläubiger war, schenkte mir jemand eine Ausgabe von »Others May, You Cannot« (*»Andere dürfen, aber das gilt nicht für dich«*); dieses Buch war mir eine große Hilfe. Ich lernte, dass ich meine Anweisungen von Gott bekommen musste und nicht von anderen Menschen und dass ich den Willen haben musste, anders zu sein. Es musste mein großer Wunsch sein, dem Herr freudig und ohne Murren zu gefallen und nicht darauf zu schauen, wie weit ich mich der Sünde nähern konnte, ohne in Schwierigkeiten zu kommen.

2. Berühren (3Mo 11,24-43)

Dieser Abschnitt betont das Vermeiden der Befleckung durch das Berühren gewisser reiner oder auch unreiner toter Tiere. Wenn ein Jude zufällig auf den Kadaver eines Tieres stieß, wusste er – auch wenn es ein reines Tier war –, dass es befleckt war, denn es war nicht vorschriftsmäßig ausgeblutet worden und das Fleisch war auch nicht gegen Verunreinigung geschützt worden. Als Simson den Honig aus dem Kadaver des Löwen aß, befleckte er sich und war kein Nasiräer mehr (Ri 14,1-9; siehe 4Mo 6,6.9). Egal, wie süß der Honig war – in Gottes Augen war er unrein, und dadurch wurde Simson selbst unrein.

Menschen, die durch das Berühren eines Kadavers unrein geworden waren, wurden bis zum Ende des Tages als unrein angesehen. Sie mussten ihren Körper und ihre Kleidung waschen und durften das Lager erst nach Sonnenuntergang wieder betreten. Dies mag sie davor bewahrt haben, andere durch Krankheitserreger anzustecken, die sie sich möglicherweise durch die Berührung des toten Tieres zugezogen hatten. Wenn ein totes Tier in ein irdenes Gefäß fiel, wurde das Gefäß zerbrochen. Alles, was mit dem Kadaver in Berührung gekommen war, war unrein geworden und musste entweder gereinigt oder vernichtet werden.

Hinter diesen Vorschriften kann man leicht Hygienegründe erkennen, und zweifellos half ihre Befolgung den Juden, Krankheiten zu vermeiden. Aber hauptsächlich sollten diese Gesetze das Volk lehren, Reinlichkeit zu schätzen und alles zu meiden, was unrein war. Die Ermahnung des Paulus an die Korinther ist eine zeitgenössische Anwendung dieses Grundsatzes und sollte von jedem Gläubigen, dem es mit einer heiligen Lebensweise ernst ist, bedacht und beachtet werden (2Kor 6,14–7,1).

Mose setzte außerdem noch Nagetiere, Eidechsen und anderes kriechendes Getier auf die Liste verbotener Speisen (3Mo 11,29-30). Diese Kleintiere konnten sterben und dabei so verborgen sein, dass man gar nichts von dem Kadaver ahnte, bis man ihn berührt und sich befleckt hatte. Oder der tote Körper konnte in einen Behälter oder auf einen Stoff fallen, der dadurch unrein werden würde. Jüdische Frauen waren sehr vorsichtig, damit die Bewohner nicht durch etwas im Haushalt unrein wurden.

In 3. Mose 11 findet sich das Wort *unrein* etwa zweiunddreißig Mal, und etwa zehn Mal kommt das Wort *Abscheuliches* vor. Wenn Gott etwas als unrein bezeichnet, muss es in unseren Augen etwas Abscheuliches sein. »*Wehe denen, die das Böse gut nennen und das Gute böse; die*

Finsternis zu Licht machen und Licht zu Finsternis« (Jes 5,20). Der erste Schritt zum Ungehorsam besteht häufig im »Neubewerten« der Sünde, wodurch man sie annehmbar statt abscheulich aussehen lässt.

Zum Beispiel sagte Gott, dass der Baum in der Mitte des Gartens für den Mann und die Frau verboten war, aber Eva *»sah, dass der Baum gut zur Speise … war«* (1Mo 3,6) und nahm die Frucht. Gott sagte, dass die gesamte Beute in Jericho dem Bann des Herrn verfallen sein sollte und nicht von den jüdischen Soldaten angerührt werden durfte (Jos 6,16-19), aber Achan »überdachte« diese Anordnung und nahm einen Teil der Beute an sich (7,16-26). Es kostete ihn das Leben. Samuel wies König Saul an, alle Amalekiter und ihre Herden zu töten, aber der König ließ Agag am Leben und behielt *»die besten Schafe und Rinder, um ›sie‹ dem HERRN … zu opfern«* (1Sam 15,15). Saul ordnete das, was Gott gesagt hatte, neu ein und dachte, dass das Abscheuliche dadurch annehmbar geworden wäre, aber durch seine Narrheit verlor er letztendlich sein Königreich.

Wir leben heute in einer Gesellschaft, die moralische Überzeugungen ablehnt und eine »fließende« Moral propagiert, die ganz und gar keine ist. Wie die Menschen, die im Buch der Richter beschrieben werden, tut jeder das, was in seinen Augen recht ist (Ri 21,25). Doch die »Neubewertung« der Sünde durch die Gesellschaft hat nichts verändert – Gott bezeichnet die Sünde immer noch als etwas Abscheuliches und bestraft sie auch immer noch.

Ärzte können wegen Pfuscherei verklagt werden, wenn sie eine falsche Diagnose stellen und eine falsche Behandlung verordnen. Aber ein Universitätsprofessor, ein liberaler Prediger oder ein beliebter Zeitungskolumnist kann die Sünde entschuldigen und die Unmoral verteidigen und bekommt Beifall für die kundige Einschätzung. Warum? Weil das menschliche Herz trügerisch ist, *»mehr als alles, und unheilbar«* (Jer 17,9) und die Menschen die Finsternis mehr lieben als das Licht, *»denn ihre Werke waren böse«* (Joh 3,19).

Der Evangelist Billy Sunday pflegte zu sagen, dass ein Sünder Gott aus dem selben Grund nicht finden kann, aus dem auch ein Verbrecher keinen Polizisten findet: Der Verbrecher gibt sich keine Mühe bei der Suche! *»Vom Propheten bis zum Priester üben sie alle Falschheit«*, schrieb der Prophet Jeremia. *»Und den Bruch der Tochter meines Volkes heilen sie* *oberflächlich, indem sie sagen: Friede, Friede! – und da ist doch kein Friede«* (Jer 8,10-11). Die Menschen, die die richtige Diagnose stellen und das einzige Heilmittel kennen, werden verfolgt, während die Menschen mit der falschen Diagnose und dem nutzlosen Mittel geehrt werden. *»Die Propheten weissagen falsch, und die Priester herrschen auf eigene Faust, und mein Volk liebt es so«* (5,31).

3. Unterscheiden (3Mo 11,44-47)

Wenn sich das jüdische Volk rein halten und dem Herrn gefallen wollte, musste es zu unterscheiden wissen; das bedeutete, Gottes Wort zu kennen, es zu achten und zu befolgen. Väter und Mütter mussten ihre Kinder das Gesetz lehren und sie vor unreinen Dingen warnen (5Mo 6,1-9). Die Priester mussten das Volk lehren und es an die Gebote des Herrn erinnern. Als die Nation Israel das Wort Gottes missachtete und sich weigerte, ihm zu gehorchen, begann das Volk, den abscheulichen Praktiken der heidnischen Völker zu folgen, unter denen sie lebten, und dies führte zu Israels Züchtigung und Niederlage.

Die Juden mussten sich jede Stunde des Tages daran erinnern, dass sie zu Jahwe, dem wahren und lebendigen Gott gehörten und dass die Zugehörigkeit zur Nation Israel ein großes und heiliges Privileg war. *»Denn ich bin der HERR, euer Gott. So heiligt euch und seid heilig, denn ich bin heilig!«* (3Mo 11,44). In der Sprache des Neuen Testaments: *»Wandelt würdig der Berufung, mit der ihr berufen worden seid«* (Eph 4,1). Gottes Willen zu gehorchen ist keine Last, sondern ein Privileg! Mose erinnerte sein Volk: *»Denn wo gibt es eine große Nation, die Götter hätte, die ihr ›so‹ nahe wären wie der HERR, unser Gott, in allem, ›worin‹ wir zu ihm rufen? Und wo gibt es eine große Nation, die ›so‹ gerechte Ordnungen und Rechtsbestimmungen hätte wie dieses ganze Gesetz, das ich euch heute vorlege?«* (5Mo 4,7-8).

Die Juden des Alten Testaments sollten, ebenso wie die Christen des Neuen Testaments, nicht mehr wandeln *»wie auch die Nationen wandeln, in Nichtigkeit ihres Sinnes«* (Eph 4,17). Es bestand die Versuchung, »tolerant zu sein« und dann die Bräuche der Heidenvölker zu übernehmen, und dies führte zu Israels Befleckung und Züchtigung.

Ich befürchte, dass die heutige Gemeinde der gleichen Philosophie folgt und sich zunehmend der Welt anpasst. G. Campbell Morgan hatte Recht, als er sagte, dass die Gemeinde am meisten für die Welt tat, als sie am wenigsten wie die Welt war.

Juden, die geistlich unterschieden, »wandelten in Liebe« (Eph 5,2) und ihre Liebe zum Herrn motivierte sie dazu, sein Gesetz zu achten. Jeden Morgen rezitiert der orthodoxe Jude das »Sch'ma«, das offizielle jüdische Glaubensbekenntnis: *»Höre, Israel: Der HERR ist unser Gott, der HERR allein! Und du sollst den HERRN, deinen Gott, lieben mit deinem ganzen Herzen und mit deiner ganzen Seele und mit deiner ganzen Kraft«* (5Mo 6,4-5). Dies ist immer noch das größte Gebot (Mt 22,34-40).

Ebenso wie Israel im Alten Testament müssen die heutigen Gläubigen nicht nur ihrer Berufung Rechnung tragen und in der Liebe wandeln, sondern auch genau zusehen, wie sie wandeln und verstehen, *»was der Wille des Herrn ist«* (Eph 5,15.17). Wir müssen die Augen offen halten und uns gründlich vorsehen, damit wir uns nicht beflecken. Juden, die wussten, was Gott als rein und als unrein ansah und ständig Acht gaben, liefen kaum Gefahr, etwas Unreines zu berühren und sich zu beflecken. Wenn wir *»als Kinder des Lichts«* (Eph 5,8) wandeln, werden wir nicht im Dunkeln über einen Kadaver stolpern, denn Gottes Wort ist *»eine Leuchte für meinen Fuß …, ein Licht für meinen Pfad«* (Ps 119,105).

Der Herr erinnerte sein Volk daran, dass er es gewesen war, der es aus der ägyptischen Sklaverei erlöst hatte (3Mo 11,45). Deshalb gehörten sie ihm und waren verpflichtet, seinem Willen zu gehorchen. Christus hat uns nicht erlöst, damit wir die Freiheit haben, uns selbst zu erfreuen, sondern damit wir die Freiheit haben, ihm zu dienen, was die größte Freiheit von allen ist. Als er sein Gesetz erließ, bezog sich der Herr häufig auf das Wunder des Exodus, um Israel zum Gehorsam zu rufen (19,36; 22,31-33; 25,38.42.55; 26,13.45). In der Sprache des Neuen Testaments waren die Juden *»um einen Preis erkauft worden«* und verpflichtet, den Herrn zu verherrlichen, der sie erlöst hatte (1Kor 6,20; 1Petr 18-25).

Eines der Zeichen von Reife ist die Fähigkeit, zwischen Recht und Unrecht *»zu unterscheiden«* (3Mo 11,47). Wenn ein Pathologe durch sein Mikroskop schaut, kann er den Unterschied zwischen einer gesunden Zelle und einer Krebszelle erkennen. Der Musikexperte kann den

Unterschied zwischen dem richtig getroffenen und dem haarscharf verfehlten Ton hören, und der Schriftsteller kennt den Unterschied zwischen »irgendeinem Wort« und dem treffenden Ausdruck. Ebenso können sich reife Gläubige in der Unterscheidung üben, indem sie feststellen, was unrein ist, und es vermeiden. Denken Sie daran, dass Kinder dazu neigen, im Schlamm zu laufen und schmutzig zu werden.

Was der Prophet Hosea über das Israel seiner Tage sagte, trifft auch heute auf viele bekennende Christen zu: *»Du stürzt am ›hellen‹ Tag. Ja, auch der Prophet stürzt mit dir bei Nacht … Mein Volk kommt um aus Mangel an Erkenntnis«* (Hos 4,5-6). *»Die feste Speise aber ist für Erwachsene, die infolge der Gewöhnung geübte Sinne haben zur Unterscheidung des Guten wie auch des Bösen«* (Hebr 5,14). Als Kommentar zu 1. Korinther 2,13-16 sagte Vance Havner: »Nichts ist heute in den Gemeinden seltener als Unterscheidungsfähigkeit. Der natürliche Mensch weiß nichts davon, der fleischliche Mensch ist frei davon. Nur der geistliche Mensch hat sie, und von diesem Schlag haben wir nur allzu wenige.«

4. Reinigen (3Mo 12,1-8)

Gott traf gnädigerweise Vorsorge für die Reinigung und Wiederherstellung jeder Person, die befleckt wurde. In Routinesituationen der Unreinheit bestand die übliche Prozedur darin, dass die Leute sich selbst und ihre Kleidung waschen und bis zum Abend außerhalb des Lagers bleiben mussten. 4. Mose 19 beschreibt die Zubereitung eines besonderen Wassers der Reinigung, das außerhalb des Lagers aufbewahrt und für die rituelle Reinigung benutzt wurde. Bei einigen Arten der Befleckung waren jedoch weitergehende Maßnahmen erforderlich, so bei Geburten (3Mo 12) und bei ansteckenden Wunden und Krankheiten (Kap. 13–15).

Mutter und Kind (V. 1-5). Wenn eine Frau ein Kind zur Welt brachte, blutete sie (V. 4-5. 7) und sonderte auch andere Körperflüssigkeiten ab (siehe Kap. 15); dadurch wurde sie *kultisch* unrein. Das Thema dieses Kapitels ist nicht persönliche Heiligkeit, sondern *kultische* Reinigung für die Mutter, ohne die sie nicht in ihr normales Leben in ihrem Heim und im Lager zurückkehren konnte.

Daher sollte 3. Mose 12 keinesfalls so aufgefasst werden, dass menschliche Sexualität als »schmutzig« anzusehen ist, dass Schwangerschaft befleckt oder dass Neugeborene unrein sind. Gott schuf den Menschen *»als Mann und Frau«* (1Mo 1,27), und als Gott seine Schöpfung für *»sehr gut«* erklärte (V. 31), schloss er dabei auch Sex mit ein. Er befahl unseren Ur-Eltern, »fruchtbar zu sein und sich zu vermehren« (V. 28), und trotz einer derzeit weitverbreiteten negativen Einstellung zu Babys sieht die Schrift Kinder als Segen Gottes an (Ps 113,9; 127,3-5; 128,3; Spr 17,6; Mt 19,14). Wenn eine Schwangerschaft aus irgendwelchen Gründen ungewollt war, hätten die Juden niemals die Abtreibung des Kindes in Betracht gezogen.

Diese Anweisungen haben wahrscheinlich mit gesundheitlichen Aspekten zu tun. Dass die Mutter nach der Geburt eines Sohnes vierzig Tage lang und nach der Geburt einer Tochter achtzig Tage lang in einem gewissen Maße als »unrein« angesehen wurde, bedeutete, dass sie Gelegenheit zum Ausruhen und zur Erholung hatte, bevor sie zu ihren Pflichten im Haushalt zurückkehrte. Dadurch wurde ihr eigenes Wohlbefinden und auch das Wohlbefinden des Babys verbessert. Es schützte sie auch vor der Ansteckungsgefahr möglicher Krankheiten durch infizierte Personen, die ihr helfen wollten, oder es bewahrte andere vor der Ausbreitung einer Infektion, die sie selbst haben mochte (Kindbettfieber).

Die Schrift erklärt nicht, warum der Zeitraum bei einer Tochter doppelt so lang war wie bei einem Sohn. Es gibt keinen Beweis dafür, dass neugeborene Mädchen unbedingt schwächer sind als neugeborene Jungen und deshalb eine längere Zeit bei der Mutter bleiben müssen. Eine Tochter würde eines Tages dem Richtspruch über Eva unterworfen sein (1Mo 3,16), doch warum verdoppelte Gott das Wochenbett der Mutter aufgrund des Geschlechts des Neugeborenen, worauf die Mutter keinerlei Einfluss hatte? Überdies erscheint es auch nicht einleuchtend, dass Gott diesen Plan entwarf, um den Ehemann zu »bestrafen«, indem er die Zeit verdoppelte, während der er von seiner Frau getrennt war. Vielleicht erließ Gott diese Vorschriften hauptsächlich für die Gesundheit der Mutter und den Aufbau einer engen Bindung zu ihrer Tochter. Die gesellschaftliche Struktur Israels war entschieden männlich dominiert und Söhne waren willkommener als Töchter.

Beschneidung (V. 3).[3] In alter Zeit praktizierten andere Nationen die Beschneidung. Doch Gott gab Abraham diesen Ritus als ein besonderes Zeichen des Bundes, den er mit dem Volk Israel hatte (1Mo 17,10-14). Jedes männliches Kind wurde ein »Kind des Bundes«, wenn es acht Tage nach der Geburt beschnitten wurde und seinen Namen erhielt. Der Vorgang symbolisiert außerdem die »geistliche Operation«, die Gott am menschlichen Herzen durchführen will (5Mo 10,16; 30,6; Jer 4,4). Unglücklicherweise ignorierte das jüdische Volk den geistlichen Aspekt des Rituals und hielt den körperlichen Eingriff selbst für eine Garantie dafür, dass die Juden gerettet und von Gott angenommen waren (Mt 3,7-10; Röm 2,25-29). Eine ähnliche Idee tauchte in den Anfangstagen der Gemeinde auf und musste nachdrücklich widerlegt werden (Apg 15; Röm 4,1-13).

Manche Leute setzen die Kindertaufe mit der Beschneidung gleich, doch wie schon R. K. Harrison so weise bemerkte: »Die Parallelen sind zu oberflächlich und beschränkt, um vollständig überzeugend und stichhaltig zu sein.«[4] Der wahrhaft Gläubige hat eine innerliche geistliche Beschneidung durch den Heiligen Geist erfahren, die wahre Beschneidung, die das Herz verändert und neues Leben gewährt (Gal 6,12-16; Phil 3,1-3; Kol 2,10-11). Weil das sündige Wesen des Gläubigen »ausgezogen« wurde, kann er in einem Zustand der Neuheit des Lebens wandeln und muss sich nicht den Gelüsten des Fleisches überlassen.

Opfer (V. 4-8). Vierzig Tage nach der Geburt eines Sohnes oder achtzig Tage nach der Geburt einer Tochter wurde von den Eltern verlangt, dass sie zum Heiligtum gingen und die Opfer für die Reinigung der Mutter darbrachten: ein einjähriges Lamm zum Brandopfer und eine Taube oder eine Turteltaube zum Sündopfer. Das Brandopfer symbolisierte ihre Hingabe an Gott, während sie in ihr normales Leben zurückkehrte, und das Sündopfer reinigte die Befleckung durch den Geburtsvorgang. Es erinnerte die Eltern auch daran, dass jedes Kind, so schön oder entzückend es auch sein mochte, in Sünde geboren war und sich eines Tages auf die Rettung durch den Herrn verlassen musste (Ps 51,7; 58,4).

Wie gnädig von Gott, mit den Armen Nachsicht zu üben, die sich kein Lamm leisten konnten! Maria und Josef nutzten diese Vorschrift, als sie Jesus zum Tempel brachten (Lk 2,21-24).

Dieses ganze Kapitel, so kurz es auch ist, zeigt Gottes liebende Sorge um die Familie und dabei besonders um Mutter und Kind. Da überrascht es uns nicht, Jesus sagen zu hören: *»Lasst die Kinder zu mir kommen! Wehrt ihnen nicht! Denn solchen gehört das Reich Gottes«* (Mk 10,14).

FÜNF

3. Mose 13–15

Der große Arzt

»Der Anfang der Gesundung liegt in der Erkennung der Krankheit«, schrieb der spanische Romanschriftsteller Miguel de Cervantes, und jeder Arzt würde ihm zustimmen. Wie kann man schließlich sinnvoll therapieren, wenn man keine genaue Diagnose stellt?

Diese drei Kapitel in 3. Mose befassen sich mit körperlichen Schwächen verschiedener Art, denn Gott war um das körperliche Wohlbefinden seines Volkes besorgt. Er sorgte für sie auf ihrer Wanderung durch die Wüste (5Mo 29,4) und versprach, sie vor den Krankheiten zu schützen, die sie in Ägypten kennen gelernt hatten, wenn sie ihm gehorchen würden (2Mo 15,26; 5Mo 7,12-15).

Das hebräische Wort, das in 3. Mose 14–15 mit *Aussatz* übersetzt wird, umfasst verschiedene Hautkrankheiten und sogar Moder (13,47ff.; 14,33ff.). Diese Kapitel sind jedoch mehr als einfach nur eine Beschreibung von Symptomen und Ritualen. In der Schrift ist Krankheit eines der Bilder für Sünde (Ps 147,3; Jes 1,5-6; 30,12; Mk 2,17). Deshalb können wir durch das Studium dieser Kapitel lernen, wie Sünde ist und wie wir in Gottes Augen damit umgehen sollen. Wir müssen über Mose hinaus auf Jesus Christus schauen, den großen Arzt, der verwundet wurde, damit wir geheilt wurden (Jes 53,5). Diese drei Kapitel illustrieren drei Themen, die entscheidend mit einem Leben der Heiligkeit verbunden sind: Sünde (3Mo 13), Rettung (Kap. 14) und Heiligkeit (Kap. 15).

1. Sünde (3Mo 13,1-46; 14,1-32)

Da Ansteckung eine Person kultisch unrein machte, wies Gott die Priester an, als seine Prüfer zu entscheiden, ob der Leidende »unrein« war und deshalb vom Rest des Lagers getrennt werden musste. Die untersuchte Person konnte bis zu zwei Wochen lang isoliert werden, um der Krankheit Gelegenheit zu geben, sich zum Guten oder zum Schlechten hin zu entwickeln. Die Symptome umfassten Schwellungen mit Schorf (13,1-8), weiße Schwellungen mit rohem Fleisch (V. 9-17), Geschwüre (V. 18-23), Brandwunden (V. 24-28) und verschiedene Formen von Hautausschlag (V. 29-44). Nicht alles, was wie Aussatz wirkte, war es auch tatsächlich, und es wäre grausam gewesen, jemanden zu isolieren, der gar nicht infiziert war.

Beachten Sie auch, dass sich die Untersuchung nicht auf Menschen (V. 1-46) beschränkte, sondern auch Kleidung (V. 47-59) und sogar Häuser (14,33-57) einschloss. Hier suchte der Priester nach Moder oder einem Pilz, der ernstlichen Schaden anrichten konnte, wenn man es zuließ, dass er sich ausbreitete. Wenn Israel erst im eigenen Land war, konnten diese Pilze sogar die Ernte vernichten (5Mo 28,22; Am 4,9).

Da Krankheit in der Bibel ein Sinnbild für die Sünde ist, werden Sie beim Lesen dieser Verse viel über die »Symptome« der Sünde lernen.

Sünde geht *»tiefer als die Haut«* (13,3-4.25.30-32.34). *»Trügerisch ist das Herz, mehr als alles, und unheilbar ist es. Wer kennt sich mit ihm aus?«* (Jer 17,9). Sünde ist kein oberflächliches Problem, das mit einfachen Mitteln zu lösen ist – so, als ob man Krebs mit Handcreme heilen wollte. Sünde kommt aus dem Inneren, aus der gefallenen menschlichen Natur; wenn das Herz nicht verändert wird, kann es keine Lösung des Sündenproblems geben. *»Denn ich weiß, dass in mir, das ist in meinem Fleisch, nichts Gutes wohnt«* (Röm 7,18). Diejenigen, die vom »angeborenen Guten im Menschen« reden, kennen weder die Bibel noch ihre eigenen Herzen.

Wenn man im England des achtzehnten Jahrhunderts des Stehlens überführt worden war, konnte der Richter die Behörden anweisen, einem die rechte Hand abzuhacken. Wenn man ein zweites Mal verurteilt wurde, konnten sie auch die linke Hand abhacken. Ich erinnere mich daran, von einem Taschendieb gelesen zu haben, der beide Hände verloren hatte, aber weiterhin erfolgreich war, weil er gelernt hatte, Taschen *mit seinen Zähnen* zu erleichtern! Auch wenn die Behörden alle seine Zähne gezogen hätten, hätte dies das Problem nicht gelöst, denn Sünde geht tiefer als die Haut. Jesus sagte: *»Denn aus dem Herzen kommen hervor böse Gedanken: Mord, Ehebruch, Unzucht, Diebstahl, fal-*

sche Zeugnisse, Lästerungen; diese Dinge sind es, die den Menschen verunreinigen« (Mt 15,19-20).

In den Tagen Jeremias waren die falschen Propheten wie Ärzte, die ihre Patienten belogen und ihnen nicht die schlechte Nachricht mitteilen wollten. *»Und sie heilen den Bruch der Tochter meines Volkes oberflächlich und sagen: Friede, Friede! – und da ist doch kein Friede«* (Jer 6,14).

Heutzutage würde der Ärztestand einen Arzt bestrafen, der das tut. Doch für humanistische Berater, liberale Prediger und Professoren, Politiker und Zeitungskolumnisten ist diese Praxis absolut akzeptabel. Die Leute glauben noch an den »Fortschrittsmythos«, der besagt, dass die Menschen gut sind und sich und die Welt mit jedem Tag permanent verbessern.

Sünde breitet sich aus (13,5-8.22-23.27-28.32.34-36.51.53.55.57; 14,39.44.48). Echter Aussatz (Lepra) wirkt sich auf die Haut und die Nervenenden aus; während er sich ausbreitet, entwickeln sich Knötchen und eitrige Geschwüre. Dadurch zieht sich das Gewebe zusammen und die Glieder werden deformiert. Was als eine wunde Stelle beginnt, breitet sich nach und nach aus und verwandelt den gesamten Körper in eine faulende und abstoßende Masse. Welche Ähnlichkeit mit Sünde! *»Danach, wenn die Begierde empfangen hat, bringt sie Sünde hervor; die Sünde aber, wenn sie vollendet ist, gebiert den Tod«* (Jak 1,15).

Unsere Ur-Eltern waren Diebe. Ihr Sohn Kain war ein Lügner und Mörder. Von diesen ersten Anfängen her breitete sich die Sünde aus, um die gesamte menschliche Rasse zu verderben und zu versklaven. Als Gott die Flut schickte, war die Erde *erfüllt* von Schlechtigkeit, Verderbtheit, Gewalt und Sittenlosigkeit (1Mo 6,5.11-13). Und seither sind die Dinge nicht besser geworden. Der wissenschaftliche Fortschritt hat zwar das Leben bequemer gemacht, aber die Welt ist dadurch nicht weniger böse geworden. *»Das ganze Haupt ist krank, und das ganze Herz ist siech. Von der Fußsohle bis zum Haupt ist keine heile Stelle an ihm: Wunden und Striemen und frische Schläge; sie sind nicht ausgedrückt und nicht verbunden, noch mit Öl gelindert«* (Jes 1,5-6).

Doch wenn die Gemeinde Sünde nur oberflächlich betrachtet, beeinflusst diese Haltung alles, was sie glaubt und tut. Warum das Evangelium predigen, wenn Frauen und Männer grundsätzlich gut und keine Sünder unter dem Zorn Gottes sind? Warum Missionare aussenden?

Und überhaupt, warum ist Jesus eigentlich am Kreuz gestorben? Wenn die Menschen gut sind, brauchen sie kein Sündenbewusstsein, sondern Rat und Trost; wir sollten ihnen Ermutigung schenken, statt ihnen das Evangelium zu verkünden.

Sünde befleckt (V. 44-46). Das Wort *»unrein«* wird in 3. Mose 13–15 etwa vierundfünfzig Mal verwendet. Es beschreibt die kultische Befleckung, durch die der betreffende Mensch vom gesellschaftlichen Leben oder von der gemeinsamen Anbetung am Haus Gottes ausgeschlossen wurde. Der Prophet Jesaja bekannte, dass er *»ein Mann mit unreinen Lippen«* war (Jes 6,5), und sprach für uns alle, als er schrieb: *»Wir alle sind wie ein Unreiner geworden und all unsere Gerechtigkeiten wie ein beflecktes Kleid«* (64,5). Was von der Sünde berührt wird, wird durch sie befleckt, und nur das Blut Jesu Christi kann diese Befleckung abwaschen (1Kor 6,9-11; 1Jo 1,7; Offb 1,5).

Wenn Sie Davids Bekenntnisgebet, den Psalm 51, lesen, werden Sie zwangsläufig erkennen, dass seine Sünden alle Teile seines Körpers befleckt hatten: seine Augen (V. 5), seinen Geist (V. 8), seine Ohren (V. 10), seine Gebeine (V. 10), sein Herz (V. 12) und seinen Mund (V. 15-17). Seine Hände waren mit Urias Blut befleckt (V. 16), und das Einzige, was er tun konnte, war, sich der Gnade Gottes zu unterwerfen und auszurufen: *»Wasche mich!«* (V 4.9).

Sünde isoliert (V. 46). Welch ernste Worte: *»Unrein ist er: allein soll er wohnen, außerhalb des Lagers soll seine Wohnung sein.«* Er musste seine Kleider zerreißen, seinen Bart verhüllen, »Unrein, unrein!« rufen, wenn sich ihm jemand näherte, und außerhalb des Lagers bleiben, bis er entweder starb oder geheilt wurde. So beschrieb es Heman in Psalm 88,5.

Wenn Sie schon einmal Zeugnis abgelegt haben, haben Sie dabei wahrscheinlich Menschen kennen gelernt, die keinen Begriff von der Tragödie der Sünde und der Schrecklichkeit der Hölle zu haben scheinen. »Es macht mir nichts aus, zur Hölle zu fahren«, sagen sie ziemlich leichtfertig. »Ich werde dort viel Gesellschaft haben.«[1] Doch in der Hölle gibt es keine Gesellschaft, denn die Hölle ist ein Ort ewiger Isolation und Einsamkeit. Wie die Leprakranken außerhalb des Lagers werden verlorene Sünder alleine wohnen; sie werden ewig allein sein.

Sünde taugt nur für das Feuer (V. 52.55.57). Ein beflecktes Kleidungsstück musste im Feuer verbrannt werden; es sollte nicht gereinigt, sondern vernichtet werden. Als Jesus über die Hölle sprach, benutzte er das Wort *gehenna*, das sich auf die Müllkippe außerhalb von Jerusalem bezog, »*wo ihr Wurm nicht stirbt und das Feuer nicht erlischt*« (Mk 9,44; siehe Jes 66,24). Die Hölle ist Gottes ewige Müllkippe, die dem Teufel und seinen Engeln bereitet ist (Mt 25,41) *und jenen, die dem Teufel nachfolgen, indem sie Jesus Christus ablehnen*. Sie ist ein Feuersee (Offb 19,20; 21,8; 20,14-15), in dem Satan und seine Gefährten auf ewig leiden werden – zusammen mit Menschen, deren Namen nicht im Buch des Lebens zu finden waren, weil sie Jesus Christus nicht vertraut hatten und in Gottes Familie wiedergeboren worden waren.

Die Folgen des Aussatzes waren zeitlich begrenzt, aber die Folgen der Sünden währen ewig. Die Juden kannten kein Heilmittel für Aussatz, doch es gibt eine Arznei gegen die Sünde – den Glauben an Jesus Christus, den Heiland der Welt. Haben Sie sich ihm anvertraut? Und wenn ja, sagen Sie anderen Menschen die gute Nachricht weiter, dass sie keine Aussätzigen und auf ewig in der feurigen Müllkippe der Hölle sein müssen?

2. Rettung (3Mo 14,1-32)

Ich finde das Lesen von Kapitel 13 entmutigend, weil es sich hauptsächlich mit Unreinheit und Isolation befasst. Kapitel 14 jedoch schenkt uns den fröhlichen Hoffnungsstrahl, den wir brauchen: Ein Aussätziger kann gereinigt und wiederhergestellt werden! Wir brauchen die schlechte Nachricht vom Gericht, um die gute Nachricht von der Rettung schätzen zu können.

Die Juden kannten kein Heilmittel für Aussatz. Wenn der Kranke wieder gesundete, war dies ein Geschenk aus Gottes Barmherzigkeit und Gnade. »*Und viele Aussätzige waren zur Zeit des Propheten Elisa in Israel, und keiner von ihnen wurde gereinigt als nur Naaman, der Syrer*« (Lk 4,27). »*Bei dem HERRN ist Rettung*« (Jon 2,10). Wenn wir nicht durch Gottes Gnade gerettet werden, werden wir gar nicht gerettet, denn niemand hat Rettung verdient.

Die Schritte der Reinigung und Wiederherstellung des Aussätzigen verbildlichen uns, was Jesus Christus für Sünder getan hat.

Der Priester geht zu dem Aussätzigen (V. 1-3). Da der unreine Aussätzige das Lager nicht betreten durfte, musste der Priester das Lager verlassen, um ihm zu helfen. »*Denn der Sohn des Menschen ist gekommen, zu suchen und zu retten, was verloren ist*« (Lk 19,10). Als er hier auf Erden war, wurde Jesus »*ein Freund von Zöllnern und Sündern*« (Lk 7,34) genannt; er selbst verglich sich mit einem Arzt, der seinen kranken Patienten hilft (Mt 9,10-13). Als Gottes großer Arzt macht Jesus »Hausbesuche« und kommt zu Sündern, wo sie gerade sind. Im Fall eines jüdischen Aussätzigen ging der Priester hinaus, um eine Untersuchung durchzuführen und festzustellen, ob der Kranke tatsächlich geheilt war; Jesus jedoch kommt zu uns, um uns von der Krankheit der Sünde zu heilen.

Der Kranke opfert zwei Vögel (V. 4-7). Dieses ungewöhnliche Ritual stellt uns dar, was Jesus tat, um die verlorene Welt zu retten. Vögel gehören nicht in irdene Gefäße, sondern in die Lüfte. Jesus kam aus dem Himmel herab und wurde Mensch (Joh 3,13.31; 6,38.42). Er begab sich sozusagen in ein irdenes Gefäß, um für unsere Sünden zu sterben. Das lebendige Wasser, über dem der Vogel getötet wurde, erinnert uns an den Heiligen Geist Gottes (Joh 7,37-39), denn Jesus brachte sich Gott durch den ewigen Geist dar (Hebr 9,14). Die Freilassung des blutbefleckten lebenden Vogels stellte die Auferstehung unseres Herrn dar, denn die Auferstehung Christi ist ebenso Teil der Botschaft des Evangeliums wie sein Tod (1Kor 15,1-4). Nur ein lebendiger Heiland kann tote Sünder erretten.

Das Blut des geopferten Vogels befand sich in dem Gefäß und auf dem lebenden Vogel, aber es musste außerdem auf den geheilten Aussätzigen gesprengt werden. Unter Zuhilfenahme des Ysops (2Mo 12,22; Ps 51,9) besprengte der Priester den Aussätzigen sieben Mal und erklärte ihn danach für rein.[2] »*Ohne Blutvergießen gibt es keine Vergebung*« (Hebr 9,22). Wie wusste das Opfer, dass es rein war? Der Priester sagte es ihm! Wie wissen heutzutage Gläubige, dass Gott uns gerettet hat? Er sagt es uns in seinem Wort! Ganz egal, wie sich der Aussätzige fühlte oder wie er aussah – Gott sagte, dass er rein war, und damit war die Sache erledigt.

Die Person reinigt sich (V. 8-9). Am Tag seiner Reinigung musste er sich und seine Kleidung waschen und »*all sein Haar scheren*«. Dann erhielt er die Erlaubnis, das Lager zu betreten, aber nicht sein Zelt. Darauf musste er noch eine weitere Woche warten.

Warum waschen, wenn ihn der Priester bereits für rein erklärt hatte? Weil er *persönlich* anwenden musste, was von Gott als Tatsache festgelegt worden war. Der Mann war kultisch rein und hatte das *Recht*, im Lager zu leben. Aber er musste persönlich und praktisch sauber sein, um bereit dafür zu sein, im Lager zu leben. *»Wascht euch, reinigt euch«* (Jes 1,16). *»So wollen wir uns reinigen von jeder Befleckung des Fleisches und des Geistes und die Heiligkeit vollenden in der Furcht Gottes«* (2Kor 7,1). Vielleicht dachte Paulus an 3. Mose 14, als er das neue Leben in Christus mit einem Wechsel der Kleidung verglich (Kol 3,1-14).

Die Person reinigt sich nochmals (V. 9). Dies fand eine Woche später statt. Der Mann musste sich waschen, nochmals komplett rasieren und saubere Kleidung anziehen. Die doppelte Rasur machte seinen Körper so glatt wie den eines Kleinkindes, was möglicherweise eine Wiedergeburt symbolisierte. Die Rasur und das Bad töteten nicht die Krankheitskeime des Aussatzes – das hatte Gott bereits getan; sie symbolisierten jedoch das neue Leben, mit dem der ehemals Aussätzige beschenkt worden war.

Die Person bringt die verlangten Opfer dar (V. 10-21). Wir haben jetzt den achten Tag nach dem ersten Besuch des Priesters bei dem Aussätzigen, und acht ist die Zahl des Neubeginns. Der gereinigte Aussätzige muss ein männliches Lamm als Schuldopfer, ein weiteres männliches Lamm als Brandopfer, ein weibliches Lamm als Sündopfer sowie Weizengrieß und Öl als Speisopfer zum Tor des Zeltes der Begegnung bringen.

Auf der Grundlage dieser Opfer erklärte der Priester den Mann für rein (3Mo 14,7), denn diese Opfer sind ein Bild für die Person und das Werk Jesu Christi. Das Sündopfer zeigt Christi Sühne für die Sünde eines Menschen. Das Schuldopfer erinnert uns daran, dass Christus unsere Schuld bezahlt hat, denn ebenso wie der Aussätzige waren wir während der Tage unserer Unreinheit nicht in der Lage, ihm zu dienen. Im Brandopfer gab sich der Mensch Gott vollständig hin, und das Speisopfer zeigte die Vollkommenheiten Christi, die für die Unvollkommenheiten des Anbetenden akzeptiert wurden.

Das Einzigartige an dieser Zeremonie lag darin, dass *der Priester den gereinigten Aussätzigen wie einen Mitpriester behandelte!* Er trug das Blut des Schuldopfers auf das rechte Ohr, den rechten Daumen und den rechten großen Zeh des Mannes auf. Er besprengte den Mann sieben Mal mit Öl und trug das Öl dann auf das Blut auf, das bereits auf seinem Ohr, seinem Daumen und seinem Zeh war.[3] Danach goss er das Öl auf den Kopf des Mannes. Dies ähnelt der Zeremonie, mit der Mose Aaron und seine Söhne als Priester einsetzte (Kap. 8)[4]. Welche Gnade liegt darin, dass Gott einen bisher Aussätzigen wie einen Priester behandelte! In diesem Abschnitt erklärt der Herr sechs Mal, dass der Priester für den Mann »*Sühnung erwirkt*« (14,18-21.29-31), was bedeutet, dass ihm seine Sünden vergeben sind.

Da der Aussätzige ein Außenseiter gewesen war und nicht in der Lage, zu arbeiten und Geld zu verdienen, war es ihm eventuell nicht möglich, alle drei Opfertiere beizubringen. Daher erlaubte Gott den Ärmeren, für das Sündopfer und das Brandopfer Vögel mitzubringen (V. 21-23.30-31). Außerdem verlangte der Herr keinerlei Ersatzleistung zu dem dargebrachten Schuldopfer. Gott macht es Sündern so leicht wie möglich, Vergebung und Wiederherstellung zu bekommen. Sünder jedoch benehmen sich, als ob Gerettet-werden so kompliziert sei, dass sie keinesfalls auf Gottes Ruf reagieren können.

3. Heiligkeit (3Mo 15,1-33)

Das Schlüsselwort in diesem Kapitel heißt »Fluss« und wird etwa vierundzwanzig Mal benutzt. Es bezeichnet ganz einfach eine Flüssigkeit in Bewegung, sei es Wasser in der Natur oder eine flüssige Absonderung des menschlichen Körpers. Die menschliche Absonderung mag eine natürliche (V. 16-18.25-30) oder eine unnatürliche (V. 1-15.19-24) Ursache haben, doch in jedem Falle wird sie als unrein angesehen und ist gemäß den Gesetzen Gottes zu behandeln. Körperhygiene und Gottes Fürsorge für Frauen kommen in diesen Vorschriften sicherlich auch zum Tragen, doch das Hauptziel scheint die Durchsetzung persönlicher Heiligkeit zu sein. Nicht jedermann ist aussätzig, doch wir alle haben gelegentlich »Ausflüsse«, die uns beflecken und andere beflecken könnten.

Unnatürliche männliche Ausflüsse (V. 1-15). Dies konnte alles Mögliche sein, von Durchfall bis hin zu Absonderungen im Zuge von Geschlechtskrankheiten wie Gonorrhöe. Alles, was der leidende Mann berührte oder bespuckte, war unrein. Tatsächlich mussten jene, die sich befleckten, indem sie ihn berührten, ihren Körper und ihre Kleidung waschen und blieben bis zum Abend unrein. Irdene Gefäße, die er berührte, mussten zerstört und Holzgefäße gereinigt werden. Die Möglichkeit der Ansteckung wurde sehr ernst genommen.

Durch die Güte des Herrn konnte sich der Mann mit Ausfluss wieder erholen; wenn dies geschah, musste er eine Woche warten und dann – wie der gereinigte Aussätzige – seinen Körper und seine Kleidung waschen. Am achten Tag brachte er ein Sündopfer und ein Brandopfer dar, doch es wurden keine kostspieligen Opfer von ihm erwartet, weil ein Ausfluss keine solch ernste Sache war wie Aussatz. Danach durfte der Mann den Herrn anbeten und ein normales Leben im Lager führen.

In den letzten Jahren haben wir viel über »giftige Menschen« und sogar über »giftige Gemeinden« gehört. Stephen Arteburn und Jack Felton haben ein Buch mit dem Titel *Toxic Faith* verfasst (Oliver/Nelson, 1991), das Gemeinden beschreibt, die auf Kult und Traditionen großen Wert legen, sowie die religiöse Abhängigkeit, die sie bei arglosen Menschen still und leise hervorrufen. Das Bild ist biblisch, denn Jesus warnte vor Leuten wie den Pharisäern, die vorgaben, heilig zu sein, aber tatsächlich Befleckung auf die Menschen übertrugen, die ihnen nachfolgten (Mt 23,25-28). Paulus schrieb sogar über Menschen seiner Zeit, deren Religion »giftig« war. *»Die unheiligen, leeren Geschwätze aber vermeide! Denn sie werden zu weiterer Gottlosigkeit fortschreiten, und ihr Wort wird um sich fressen wie Krebs«* (2Tim 2,16-17).

Natürliche männliche Ausflüsse (V. 16-18). Dieser Abschnitt deutet noch nicht einmal an, dass Geschlechtsverkehr innerhalb der Ehe unrein oder befleckend ist. Wie es bei der Trauung in Amerika traditionell formuliert wird: »Gott setzte die Ehe ein zum Segen und Wohl der Menschheit.« Innerhalb der heiligen und liebenden Bande der Ehe befleckt der Mann nicht seine Frau und die Frau nicht ihren Mann. *»Die Ehe sei ehrbar in allem, und das Ehebett unbefleckt! Denn Unzüchtige und Ehebrecher wird Gott richten«* (Hebr 13,4).

Mose befasst sich hier mit *kultischer* statt mit moralischer Unsauberkeit. Da der Körper während des Geschlechtsverkehrs Flüssigkeiten absondert und man durch Körperflüssigkeiten unrein wurde, musste sich das Ehepaar bemühen und baden, um seine kultische Reinheit zu erhalten. Vielleicht will uns der Herr dadurch lehren, dass es unserem sündigen Wesen sogar bei einem wunderbaren Erlebnis wie der ehelichen Liebe möglich ist, aktiv zu werden und es zu beflecken. Das jüdische Paar musste Gott ebenso in Betracht ziehen wie seine eigenen Wünsche, und dadurch wurde die Heiligung ihrer Ehe unterstützt. Für die Reinigung wurden keine Opfer verlangt, lediglich das Bad in Wasser. Daher war dies keine Sünde, die gesühnt werden musste.[5]

Natürliche weibliche Ausflüsse (V. 19-24). Nochmals sei gesagt, dass Gott die Frau nicht für ihre normale monatliche Regelblutung verurteilte oder bestrafte, denn er hatte sie so gemacht, damit sie Kinder gebären konnte. Diese Vorschrift erklärt lediglich, dass ihr Ausfluss die Frau rituell unrein machte und sie dadurch andere unrein machen konnte. Rahel nutzte sie als List, als sie ihren Vater in Bezug auf seine Hausgötter täuschte (1Mo 31,26-35).

Während der Dauer ihrer Monatsregel und der darauffolgenden Woche war eine Frau unrein und musste darauf achten, wo sie sich hinsetzte, wo sie sich zum Schlafen niederlegte und was sie berührte. Diese Einschränkung war aber eigentlich ein Segen, denn sie konnte dadurch Entspannung und Ruhe genießen, wenn sie es am meisten benötigte. Wenn ihr Ehemann sexuell zu aktiv war, hielt ihn dieses Gesetz davon ab, sich ihr zu einer Zeit zu nähern, wenn Geschlechtsverkehr für sie nicht besonders angenehm war. Wenn er sich ihr aufzwang, waren er selbst und das Ehebett eine Woche lang unrein, und dies trennte ihn von seiner gesamten Familie und allen im Lager! Das war es nicht wert.[6]

Gewiss schuf Gott den Sex ebenso zum Vergnügen wie zur Fortpflanzung, aber Vergnügen ohne Disziplin wird schnell zur Knechtschaft und dann zur Qual. Unverheiratete Menschen müssen Selbstdisziplin üben, damit sie keine Unzucht treiben und die Strafe Gottes auf sich ziehen (Hebr 13,4), doch auch verheiratete Menschen benötigen Selbstdisziplin, damit sie sich nicht gegenseitig ausnutzen und Gott aus ihrer engsten Beziehung ausklammern. Gott schuf den Sex, und derjenige ist weise, der dem Schöpfer zugesteht, dass er die Regeln festgelegt hat.

Unnatürliche weibliche Ausflüsse (V. 25-33). Eine verlängerte Blutung wäre sowohl körperlich schmerzhaft als auch in religiöser Hinsicht unglückselig, denn die Frau wäre ständig unrein. Die unbekannte Frau, die mit der Bitte um Hilfe zu Jesus kam, hatte zwölf Jahre lang unter diesem Kummer gelitten (Mk 5,25-34; Lk 8,43-48). Streng genommen wurde jeder, den sie in dieser großen Menge berührte, durch sie befleckt, ohne sich dessen bewusst zu sein; als sie die Kleidung unseres Herrn berührte, war er ebenfalls befleckt. Wie gnädig von ihm, sie zu heilen und ihr das normale Leben, nach dem sie sich sehnte, zurückzugeben! Die Zeremonie für ihre Reinigung erinnert uns an die Ordnung für die Wiederherstellung einer Mutter nach der Geburt eines Säuglings (3Mo 12,6-7).

Diese Vorschriften für die persönliche Heiligkeit waren nicht einfach fromme Empfehlungen der religiösen Führer der Nation. Sie waren heilige Gebote des Herrn, und ihre Missachtung war eine ernste Sache (15,31-33). Wenn ein unreiner Mensch zum Zelt der Begegnung gegangen wäre, hätte er es dadurch befleckt und eine Strafe auf sich gezogen (V. 31). Gott warnte die Israeliten, dass eine Verletzung des Gesetzes in 3. Mose 15,24 dazu führen würde, dass das Paar *»aus der Mitte ihres Volkes ausgerottet«* würde (20,18). Ob *»ausgerottet aus der Mitte des Volkes«* Tod bedeutete (in diesem Sinne wird es in 1Mo 9,11 benutzt) oder Ausstoßung, darüber streiten die Gelehrten, doch in jedem Falle war die Strafe eine ernste Sache.

Heute ist das Leben der Gläubigen nicht durch solche Strafen bedroht, obwohl es *»Sünde zum Tod«* gibt (1Jo 5,16; siehe 1Kor 11,30). Es sollte jedoch keinen Bereich in unserem Leben geben, von dem Gott ausgeschlossen ist, und jede Beziehung sollte ihm unterstellt sein.

Seine Worte an uns lauten immer noch: *»Seid heilig, denn ich bin heilig!«*

3. Mose 16

Israels hoher und heiliger Tag

Für den Juden des Alten Testaments war der wichtigste Tag des Jahres der Versöhnungstag (Yom Kippur), an dem Gott gnädig alle Sünden des gesamten Volkes vergab und der Nation einen Neuanfang schenkte. Da es heutzutage keinen Tempel mit einem Priester gibt (Hos 3,4), kann Israel Yom Kippur nicht auf die vorgeschriebene Weise begehen, doch wer Jesus Christus angenommen hat, kann in dieser alten Anweisung ein Bild für das erkennen, was Jesus für uns am Kreuz getan hat.

1. Eine vorgeschriebene Zeit (3Mo 16,1-2.29)

Der Tod von Nadab und Abihu (3Mo 10) muss Aaron und den Priestern Furcht vor Gott eingejagt haben, sodass sie sich fragten, ob es überhaupt sicher für sie war, den Bereich des Zeltes der Begegnung zu betreten, um ihre Arbeit zu verrichten. Gott machte deutlich, dass die Priester keine Angst vor ihrem Dienst zu haben brauchten, dass aber einzig der Hohepriester das Allerheiligste betreten durfte, und dies auch nur einmal im Jahr am Versöhnungstag. Es war keine Frage menschlicher Entscheidung, es war eine Frage göttlicher Festlegung. Jeder Priester, der ungehorsam war, würde sterben.

Der festgelegte Tag war der zehnte Tag des siebten Monats (16,29; 23,26-32; 25,9; 4Mo 29,7-11). Der jüdische Kalender wird in 3. Mose 23 beschrieben und wir werden ihn in Kapitel 10 gründlich studieren. Im Augenblick jedoch müssen wir uns die Wichtigkeit des siebten Monats (Mitte September bis Mitte Oktober unseres Kalenders) bewusst machen. Am ersten Tag des siebten Monats erschallten die Trompeten, die den Beginn des neuen Jahres bekannt gaben (Rosch Ha-Schanah, 23,23-25).[1] Der zehnte Tag war der Versöhnungstag

(23,26-32), und dann kam das Laubhüttenfest, das am fünfzehnten Tag des Monats begann und eine Woche andauerte (23,33-44).

Der Klang der Trompeten kündigte das neue Jahr an, doch nur das Vergießen von Blut konnte dem Volk Vergebung und einen neuen Anfang schenken. *»Ohne Blutvergießen gibt es keine Vergebung«* (Hebr 9,22). Es gab sicherlich Sünde im Lager. Außerdem hatte nicht jeder Gesetzesübertreter im vergangenen Jahr die verlangten Opfer dargebracht, und das Heiligtum selbst war befleckt worden auf Wegen, von denen nur Gott wusste. Es war Zeit für einen Neuanfang.

Der Hohepriester musste die Zeremonie des Versöhnungstages Jahr für Jahr wiederholen, aber Jesus Christus kam zur rechten Zeit (Gal 4,4-5), um das Werk zu vollenden, das niemand sonst verrichten konnte. *»Jetzt aber ist er {einmal} in der Vollendung der Zeitalter offenbar geworden, um durch sein Opfer die Sünde aufzuheben«* (Hebr 9,26). Der Tod Christi am Kreuz hat den Versöhnungstag vollendet.

2. Ein angekündigtes Ziel (3Mo 16,30-34)

Das hebräische Wort *kapar*, das mit »Sühnung« übersetzt wird, wird in 3. Mose 16 etwa sechzehn Mal benutzt; eigentlich bedeutet es »auslösen, durch Zahlung eines Preises entfernen«. Der Priester legte seine Hände auf das Opfer und symbolisierte dadurch den Übergang der Sünden der Nation auf das unschuldige Opfertier, das anstelle des Volkes starb. Sühnung bedeutet, dass ein Preis bezahlt und Blut vergossen wird, denn Leben muss für Leben hingegeben werden (17,11). John Stott drückte es so wunderbar aus: »Wir lehnen daher vehement jede Erklärung des Todes Christi ab, die nicht im Kern den Grundsatz ›Sühne durch Vertretung‹ hat, wirkliche göttliche Selbst-Sühne durch göttliche Selbst-Vertretung.«[2]

Das Wort »Blut« wird in diesem Kapitel neun Mal und in Kapitel 17 dreizehn Mal benutzt. Wenn der Versöhnungstag uns irgendetwas über Rettung lehrt, dann dieses: Es gibt keine Rettung von der Sünde außer durch Blutvergießen. Jene, die diese Sicht der Dinge ablehnen und behaupten, dass sie nur »die liebende Religion von Jesus« wollen, hätten besser auf das hören sollen, was Jesus selbst gesagt hat: *»Denn* *dies ist mein Blut des Bundes, das für viele vergossen wird zur Vergebung der Sünden«* (Mt 26,28). *»Gleichwie der Sohn des Menschen nicht gekommen ist, um bedient zu werden, sondern um zu dienen und sein Leben zu geben als Lösegeld für viele«* (Mt 20,28).

Die am Versöhnungstag dargebrachten Opfer reinigten dreifach: den Hohenpriester und seine Familie (3Mo 16,6.17), das Volk Israel (V. 17) und das Zelt der Begegnung (V. 16.20.33). Es erscheint uns eigenartig, dass das heilige Heiligtum befleckt sein mochte und Reinigung benötigte, aber es war so. Die Sünden des Volkes befleckten nicht nur die Menschen selbst, sondern auch Gottes Zelt der Begegnung. Die auf Erden dargebrachten Opfer reinigten das irdische Heiligtum, doch das Opfer unseres Herrn reinigte *»die himmlischen Dinge«* mit dem Blut eines besseren Opfers (Hebr 9,23).

3. Ein sich demütigendes Volk (3Mo 16,29.31)

Egal, auf welchen Wochentag er fiel – der jährliche Versöhnungstag wurde als Sabbat betrachtet und es war dem Volk nicht erlaubt, irgendwelche Arbeiten zu verrichten. Gott befahl ihnen, »sich zu demütigen«, ein hebräisches Wort, das »erniedrigen«, »bedrücken« bedeutet. Es wird benutzt, um die Qualen zu beschreiben, welche die Ägypter den Hebräern zufügten (2Mo 1,11-12) und das Leid, das Josef im Gefängnis verspürte (Ps 105,18). Die »Selbstdemütigung« am Versöhnungstag wird üblicherweise als Fasten und Bekennen der Sünden interpretiert.

An jenem Tag rief Gott sein Volk auf, die Sünde ernst zu nehmen; die heutige Gemeinde muss diesen Ruf achten. *»Naht euch Gott! Und er wird sich euch nahen. Säubert die Hände, ihr Sünder, und reinigt die Herzen, ihr Wankelmütigen! Fühlt euer Elend und trauert und weint; euer Lachen verwandle sich in Traurigkeit und ›eure‹ Freude in Niedergeschlagenheit! Demütigt euch vor dem Herrn! Und er wird euch erhöhen«* (Jak 4,8-10).

»Buße ist eine fast abhanden gekommene Note in unseren Predigten und Erfahrungen«, sagte Vance Havner, »und ihr Fehlen füllt unsere Gemeinden mit getauften Sündern, die niemals die Schuld der Sünde oder die Notwendigkeit eines Retters gespürt haben ... Wir versuchen, junge Leute dahin zu bringen, dass sie sagen: ›Hier bin ich‹, bevor sie jemals gesagt haben: ›Wehe mir!‹«

Die Tatsache, dass das Volk nicht arbeiten sollte, erinnert uns daran, dass wir allein durch Gottes Gnade gerettet sind, durch Glauben und nicht wegen unseres Charakters oder unserer guten Werke (Eph 2,8-9). Die Vergebung, die dem Volk an jenem Tag zuteil wurde, war das Geschenk Gottes.

4. Ein festgelegtes Verfahren (3Mo 16,3-28)

Es genügte nicht, dass der Hohepriester am richtigen Tag und mit der richtigen Absicht diente und dass das Volk die richtige innere Einstellung hatte. Es war außerdem wichtig, dass der Hohepriester die richtige Verfahrensweise einhielt, die Gott ihm aufgetragen hatte. Der Versöhnungstag war kein Zeitpunkt für Neuerungen, denn es stand zu viel auf dem Spiel.

Der Hohepriester bereitet sich vor (V. 3-5). Zuallererst musste der Hohepriester sicherstellen, dass die richtigen Opfer vorhanden waren: ein Stier und ein Widder für ihn und seine Familie und zwei Ziegen und ein Widder für das Volk. Diese Tiere mussten überprüft werden, denn ihnen durfte kein Makel anhaften.

Dann zog der Hohepriester seine herrlichen Gewänder aus, wusch sich am Waschbecken und zog die schlichten Leinengewänder eines einfachen Priesters an. Er ließ seine besonderen Gewänder im Heiligen zurück, wohin er später zurückkehren würde, um sie wieder anzuziehen. Das Beiseitelegen seiner herrlichen Gewänder war ein Akt der *Erniedrigung*, und das Waschen am Waschbecken war ein Akt der *Heiligung*. Er zog sich zurück, um an diesem besonderen Tag dem Herrn und seinem Volk zu dienen.

Unser Herr Jesus Christus tat all dies für uns auf eine viel großartigere Weise. *»Und ich heilige mich selbst für sie, damit auch {sie} Geheiligte seien durch Wahrheit«* (Joh 17,19). Er musste niemals von der Sünde gereinigt werden, denn er war ohne Sünde, und doch kam er, um uns zu dienen. Er legte seine Herrlichkeit ab und kam als ein armes Kind in diese Welt. Als Gottes leidender Diener erniedrigte er sich und starb am Kreuz (2Kor 8,9; Phil 2,5-11). Als er sein Werk vollendet hatte, kehrte er in den Himmel zurück und »kleidete sich« wieder in die Herrlichkeit, die ihm von Rechts wegen zusteht (Joh 17,1, 5).

Der Hohepriester bringt sein eigenes Sündopfer dar (V. 6.11-14). Da er nun angemessen gewaschen und gekleidet war, ging der Hohepriester zum Altar, wo er den Jungstier als Sündopfer für sich und seine Familie darbrachte, die wahrscheinlich alle Priester umfasste (3Mo 16,11). Dann nahm er etwas von dem Blut des Jungstiers, eine Pfanne voll Feuerkohlen vom Altar und einen Vorrat des speziellen Räucherwerks und betrat das Allerheiligste. Er legte das Räucherwerk auf die Kohlen, damit die Wolke die Deckplatte auf der Lade bedeckte (V. 13), und dann sprengte er etwas von dem Blut *auf* die Deckplatte und etwas davon sieben Mal *vor* die Deckplatte (V. 14).

Da die Wolke des Räucherwerks die Herrlichkeit Gottes symbolisierte, stellte der Hohepriester Gottes Herrlichkeit über alles andere. Es erinnert uns an Christi erste Bitte in seinem hohepriesterlichen Gebet: *»Verherrliche deinen Sohn, damit der Sohn dich verherrliche«* (Joh 17,1). Wir müssen uns daran erinnern, dass das höchste Ziel in Gottes großartigem Rettungsplan nicht das Wohl der Menschen, sondern die Verherrlichung Gottes ist (Eph 1,6.12.14). Der Hohepriester musste ein Opfer darbringen, weil er ein Sünder war, aber Jesus brauchte für sich kein Opfer zu bringen, weil er sündlos ist (Hebr 7,23-28).

Der Hohepriester bringt das Sündopfer für das Volk dar (V. 7-10.15-22). Die beiden Ziegenböcke stellten gemeinsam *ein* Sündopfer dar (*»zwei Ziegenböcke für das Sündopfer«*, 3Mo 16,5), obwohl nur einer von ihnen geschlachtet wurde. Der Hohepriester warf Lose über die Ziegenböcke, und einer von den beiden wurde zum Sterben auserwählt. Der Hohepriester tötete den Ziegenbock und brachte etwas von dem Blut ins Allerheiligste, wo er es *auf* die Deckplatte sprengte und sieben Mal *vor* die Deckplatte, wie er es auch mit dem Blut des Jungstiers getan hatte. Aber er versprengte das Blut des Ziegenbocks auch im Heiligen des Zeltes der Begegnung und trug es, zusammen mit dem Blut des Jungstiers, auf die Hörner des Bronzealtars auf. So reinigte er das Zelt der Begegnung und den Altar *»von den Unreinheiten der Söhne Israel«* (V. 19).

Dann legte der Hohepriester seine beiden Hände auf den Kopf des lebenden Ziegenbocks und bekannte »alle Schuld der Söhne Israel und all ihre Vergehen nach allen ihren Sünden« (V. 21). Dieser Ziegenbock wurde aus dem Lager geführt, in die Wüste geschickt und niemals mehr gesehen.

Das hebräische Wort für diesen Ziegenbock ist *azazel*, was eine Verbindung der hebräischen Wörter für »Ziegenbock« und »weggehen« sein könnte. Manche Hebraisten sehen eine Verbindung mit einem arabischen Wort, das »entfernen«, »verbannen« bedeutet. Ungeachtet der Herkunft des Wortes ist seine Bedeutung klar: Der freigelassene Ziegenbocks trug die Sünden des gesamten Volkes davon, die ihnen dann niemals wieder vorgehalten wurden.[3] *»So fern der Osten ist vom Westen, hat er von uns entfernt unsere Vergehen«* (Ps 103,12). *»Siehe, das Lamm Gottes, das die Sünde der Welt wegnimmt!«* (Joh 1,29).

Erinnern Sie sich daran, dass die beiden Ziegenböcke als *ein* Sündopfer angesehen wurden (3Mo 16,5). Ein Ziegenbock starb, weil es ein Blutopfer geben muss, bevor es Vergebung geben kann. Der andere Ziegenbock blieb am Leben, aber er wurde in der Wüste verloren, als er die Sünden der Nationen mit sich forttrug. Weil der lebende Ziegenbock ein Teil des Sündopfers war, musste der Mann, der den Ziegenbock aus dem Lager führte, sich und seine Kleidung waschen, bevor er wieder in das Lager zurückkehren konnte (V. 26).

Der Hohepriester wäscht sich und zieht seine formellen Gewänder wieder an (V. 23-24). Wenn er sicher war, dass man den Sündenbock erfolgreich in der Wüste verloren hatte, ging der Hohepriester in das Heilige des Zeltes der Begegnung, zog seine Leinengewänder aus, badete und legte seine offiziellen Gewänder wieder an. Dies erinnert uns an die Rückkehr unseres Herrn in den Himmel, wo ihm die Herrlichkeit zuteil wurde, die er abgelegt hatte, während er hier auf Erden gewesen war.

Der Hohepriester bringt die Brandopfer dar (V. 3.5.24). Er opferte einen Widder für sich selbst und einen Widder für das Volk; beide Opfer symbolisierten totale Hingabe an den Herrn. Gleichzeitig verbrannte er das Fett des Sündopfers (siehe 4,8-10). *»Doch bei dir ist die Vergebung, damit man dich fürchte«* (Ps 130,4). Vergebung und die Furcht des Herrn gehören zusammen, denn das Privileg der Vergebung bringt die Verpflichtung zu Hingabe und Gehorsam mit sich. Jesus gab sich dem Vater in vollkommenem Gehorsam hin, und wir müssen seinem Beispiel folgen.

Wenn die Brandopfer dargebracht und das Fett der Sündopfer verbrannt worden waren, wachte der Hohepriester darüber, dass die Sündopfer aus dem Lager hinausgebracht und verbrannt wurden (3Mo 4,1-12; siehe 2Mo 29,13-14). Der Mann, der das erledigte, musste sich waschen, bevor er wieder ins Lager zurückkehren konnte.

5. Ein angemessenes Bild (Sach 12,10–13,1)

Viele sehen in dem alljährlichen Versöhnungstag ein Bild für Israels zukünftige Reinigung, wenn ihr Messias erscheint, um sie zu erretten, zu reinigen und sie in ihrem Königreich einzusetzen.

Der siebte Monat beginnt mit dem Schall der Trompeten, und es gibt einen »zukünftigen Trompetenruf« für Israel, der die Leute versammeln wird. *»Und an jenem Tag wird es geschehen, da wird der HERR ›Ähren‹ ausklopfen vom Euphratstrom an bis zum Bach Ägyptens, und {ihr} werdet zusammengelesen werden, einer nach dem andern, ihr Söhne Israel. Und an jenem Tag wird es geschehen, da wird in ein großes Horn gestoßen werden, und die Verlorenen im Land Assur und die Vertriebenen im Land Ägypten werden kommen und den HERRN anbeten auf dem heiligen Berg in Jerusalem«* (Jes 27,12-13). Jesus bezog sich ebenfalls auf diese zukünftige Versammlung der Juden (Mt 24,29-31).

Ebenso wie am Versöhnungstag, der für die Juden ein Tag persönlicher Betrübnis war, werden sie trauern, wenn sie ihren Messias sehen (Sach 12,10-14). Gott wird ihnen *»den Geist der Gnade und des Flehens«* (V. 10) schenken, und sie werden ihre Sünden bereuen und an ihn glauben. *»Sie werden auf mich blicken, den sie durchbohrt haben, und werden über ihn wehklagen, wie man über den einzigen Sohn wehklagt«* (V. 10).

Israels Reue und Glauben wird zu seiner Reinigung führen. *»An jenem Tag wird für das Haus David und die Bewohner von Jerusalem eine Quelle geöffnet sein gegen Sünde und gegen Befleckung«* (13,1). Sein Messias, der für Israel starb, wird Israels Sündopfer und Brandopfer sein, und sie werden neu beginnen als Volk, dem vergeben wurde und das vom Herrn geliebt wird. Was der Herr über den Überrest des jüdischen Volkes sagte, das aus Babylon heimkehrte, wird an jenem großen Tag auf die gesamte Nation zutreffen: *»In jenen Tagen und zu jener Zeit,* *spricht der HERR, wird Israels Schuld gesucht werden, und sie wird nicht da sein, – und die Sünden Judas, und sie werden nicht gefunden werden; denn ich will denen vergeben, die ich übriglasse«* (Jer 50,20).

Dem jährlichen Versöhnungstag folgte das Laubhüttenfest, Israels fröhlichste Zeit des Feierns; Israels zukünftigem »Versöhnungstag« wird das Einsetzen des Königreiches folgen, das Gott seinem Volk versprochen hat (Jes 11–12; 32; 35). Die Schöpfung wird errettet werden aus den Banden der Sünde (Röm 8,18-22), Jesus wird als König regieren, und *»in seinen Tagen wird der Gerechte blühen, und Fülle von Heil ›wird sein‹, bis der Mond nicht mehr ist«* (Ps 72,7).

SIEBEN

3. Mose 17–20

Heiligkeit ist eine praktische Sache

In seiner berühmten Ansprache, die er am 7. Juni 1978 an der Harvard-Universität hielt, sagte der russische Romanschriftsteller und Sozialkritiker Alexander Solschenizyn: »Ich habe mein gesamtes Leben unter einem kommunistischen Regime verbracht, und ich sage Ihnen, dass eine Gesellschaft ohne irgendeinen objektiven Rechtsmaßstab in der Tat eine furchtbare Gesellschaft ist. Eine Gesellschaft jedoch, die keinen anderen Maßstab als nur den des Rechts kennt, ist auch nicht gerade menschenwürdig.«

Trotz aller gebührender Hochachtung für schwer arbeitende Gesetzgeber, Richter, Ordnungshüter und Anwälte stimme ich Solschenizyn zu: Ein gutes Volk und eine gute Gesellschaft brauchen mehr als nur gute Gesetze. In unserer heutigen Welt ist nicht alles, was legal ist, auch automatisch aus moralischer oder biblischer Sicht gut. Gott wird eines Tages so manche menschliche Taten, die von den Gerichten abgesegnet und von der Gesellschaft verteidigt werden, als abscheuliche Sünde richten.

3. Mose 17–20 legte einen Rechtskodex für das Volk Israel fest, der viele Bereiche des persönlichen und des öffentlichen Lebens berührte. Die Betonung liegt hier nicht einfach auf dem Recht oder der bürgerlichen Unbescholtenheit, so wichtig diese Aspekte auch sind, sondern auf der *Heiligkeit*. Immerhin war Israel *Gottes* Volk, und das Gesetz war *Gottes* Gesetz. Der Herr sagte zu ihnen: *»So sollt ihr euch heiligen und sollt heilig sein, denn ich bin der HERR, euer Gott, und sollt meine Ordnungen einhalten und sie tun. Ich bin der HERR, der euch heiligt«* (20,7-8).

Die Motivation für Israels Gehorsam musste mehr als die Furcht vor Bestrafung sein. Die Menschen mussten *in ihren Herzen* den Wunsch verspüren, Gott zu gefallen, sowie die Entschlossenheit, ein heiliges Volk zu sein, das seinen Namen verherrlichen würde (2Mo 19,3-6). Das

Gesetz zu befolgen und einen heiligen Charakter zu haben ist nicht zwangsläufig das Gleiche.

In diesen vier Kapiteln findet sich etwa vierundzwanzig Mal die Aussage: *»Ich bin der Herr!«* Gott gab seinem Volk göttliche Gesetze, die seinen heiligen Willen ausdrückten und er erwartete, dass sie respektiert und eingehalten wurden. Obwohl die Einhaltung der Gesetze nicht Gottes Weg der Rettung ist (Röm 3,19-20; Gal 3,21-29), sind die Liebe zur Heiligkeit und der Wunsch, Gott zu gehorchen und zu gefallen sicherlich Zeichen dafür, dass wir Gottes Kinder sind (1Jo 3,1ff.).[1]

Diese Kapitel befassen sich mit vier besonderen Bereichen des Lebens, die geachtet und als heilig hochgehalten werden müssen: die Heiligkeit des Blutes bzw. Lebens (Kap. 17), die Heiligkeit der Sexualität (Kap. 18), die Heiligkeit des Gesetzes (Kap. 19) und die Heiligkeit der Strafe (Kap. 20).

1. Die Heiligkeit des Blutes (3Mo 17,1-16)

Laut Leon Morris wird das Wort »Blut« in der Bibel 460 Mal gebraucht, davon 362 Mal im Alten Testament.[2] In 3. Mose 17 findet man das Wort »Blut« 13 Mal; außerdem findet sich in diesem Kapitel der Schlüsseltext der biblischen Theologie in Bezug auf die Bedeutung des Blutes für die Rettung: *»Denn die Seele des Fleisches ist im Blut, und ich selbst habe es euch auf den Altar gegeben, Sühnung für eure Seelen zu erwirken. Denn das Blut ist es, das Sühnung tut durch die Seele ›in ihm‹«* (V. 11).

Lange bevor die medizinische Forschung den Blutkreislauf im menschlichen Körper und seine lebenswichtige Bedeutung entdeckte, sagte uns die Schrift, dass das Blut das Leben war. Wenn ein Opfer dargebracht und sein Blut vergossen wurde, bedeutete das die Hingabe eines Lebens für ein anderes. Das unschuldige Opfer starb anstelle des schuldigen Sünders. Die ganze Bibel hindurch ist es das Blut, das die Sühnung bewirkt. Jegliche Theologie, die die Bedeutung des Blutes ignoriert oder als geringfügig darstellt, gründet sich nicht auf das Wort Gottes.

Das Opfern von Speisen (V. 1-7). Die Juden aßen nicht besonders viel Fleisch, denn es war für sie zu kostspielig, ihre Tiere zu schlachten.

Das hier ergehende Gesetz verbot ihnen, ihre Tiere an einem beliebigen Ort innerhalb oder außerhalb des Lagers zum Zwecke des Verzehrs zu schlachten. Jedes Tier, das als Speise gedacht war, musste zum Altar gebracht und dem Herrn als Heilsopfer dargebracht werden.

Dieses Gesetz zielte auf mehrere Dinge: Zuerst einmal hielt es die Menschen davon ab, heimlich auf freiem Feld Götzen zu opfern. Wenn sie nun entdeckt und befragt wurden, konnten sie zwar behaupten, dass sie das Tier für ein Festmahl schlachteten. Wenn dies aber der Fall gewesen wäre, hätten sie das Tier zum Altar im Zelt der Begegnung bringen müssen. Das Blut eines Tieres durfte nur dem Herrn und nur an seinem Altar geopfert werden.

Zweitens würdigte der Herr durch dieses Gesetz einfache Mahlzeiten und machte sie zu einer heiligen Erfahrung. Das geschlachtete Tier war nicht einfach ein Stück Fleisch; es war ein dem Herrn dargebotenes Opfer. Laut Vers vier kam das Schlachten eines Tieres an einem anderen Ort als dem Altar dem Ermorden dieses Tieres gleich, und Gott möchte, dass wir seiner Schöpfung größere Achtung entgegenbringen. Wenn wir Gott vor den Mahlzeiten für unser Essen danken, erkennen wir dadurch nicht nur seine Güte an, sondern heiligen auch das Mahl und machen das Essen zu einer geistlichen Erfahrung.

Indem er das Tier zum Altar brachte, achtete der Opfernde drittens darauf, dass der Herr (3,1-17) und der Priester (7,11-18) jeweils ihren rechtmäßigen Anteil bekamen. Um sicherzugehen, nahm der Opfernde nicht allzu viel Fleisch für sich und seine Familie, aber der Grundsatz, der hinter Matthäus 6,33 steht, entschädigte ihn in anderer Hinsicht. Das Heilsmahl im Hause Gottes würde Gott verherrlichen und die Bedürfnisse des Opfernden und derer, die mit ihm speisten, befriedigen.

Das Darbringen von Opfern (V. 8-9). Dies ist eine weitere Anwendung des ersten Gesetzes; auch wenn man Gott ein gesetzmäßiges Opfer darbrachte, musste es zum Altar gebracht und das Blut dort vergossen werden. Kein Jude durfte jemals ein Opfer auf dem freien Feld oder bei seinem Zelt darbringen. Es gab nur ein Zelt der Begegnung, nur einen Altar und nur eine eingesetzte Priesterschaft, und das Volk musste Gottes Gesetze achten.

Diese Gesetze wurden leicht verändert, als die Nation das Land Kanaan betrat (5Mo 12,1-16). Im Lager Israels war niemand zu weit entfernt vom Tor des Zeltes der Begegnung. Deshalb stellte es kein Problem dar, ein Tier als Heilsopfer darzubringen. Im Land Kanaan jedoch waren die Entfernungen ein Problem. Deshalb erlaubte der Herr dem Volk, Tiere zu Hause zum Verzehr zu töten, ohne dass sie zum Altar gebracht werden mussten (V. 15-16). Dennoch mussten alle *Opfer* weiterhin zum Altar gebracht werden, und es war niemandem erlaubt, das Blut zu verspeisen.

Das Verzehren von Blut (V. 10-14). Weil Blut das Leben jedes Lebewesens sowie das von Gott eingesetzte Medium der Sühnung ist, darf es nicht wie anderes Essen behandelt werden. Dieses Verbot geht bis auf Noah zurück (1Mo 9,1-4) und wurde im Gesetz häufig wiederholt (3Mo 3,17; 7,26-27; 5Mo 12,16.23-25; 15,23). Die frühe Gemeinde schloss diese Vorschrift in ihre Anweisungen für bekehrte Nichtjuden ein (Apg 15,23-29). In vielen heidnischen Religionen war es an der Tagesordnung, Blut zu sich zu nehmen, was erklärt, warum Gott sogar die Nichtjuden im Lager vor dem Bruch dieses Gesetzes warnte. Wie leicht wäre es für einen Juden, dem schlechten Beispiel seines heidnischen Nachbarn zu folgen und dadurch den Zorn Gottes hervorzurufen!

Bevor er seine Mahlzeit zubereitete, musste ein Jude, der sich auf der Jagd befand, das erlegte Tier oder den geschossenen Vogel gründlich ausbluten lassen. Dann musste das Blut mit Erde bedeckt werden, wodurch es gewissermaßen angemessen beerdigt wurde. Heutzutage achten orthodoxe Juden sehr darauf, nur koscheres Fleisch einzukaufen, das auf die vorgeschriebene Weise ausgeblutet wurde.

Das Verzehren von Tieren, die tot aufgefunden wurden (V. 15-16). Da Fleisch rar und teuer war, mochte es als günstige Gelegenheit erscheinen, wenn man ein totes Tier auf freiem Feld fand. Der Tierkörper war jedoch offensichtlich unrein, denn er war nicht ausgeblutet worden, und er war außerdem anderen Tieren ausgesetzt gewesen. Kein Jude würde das Risiko eingehen, unrein zu werden, indem er das Fleisch aß. Falls er es dennoch tat, musste er bis zum Abend außerhalb des Lagers bleiben und dann sich und seine Kleidung waschen, um wieder rein zu werden.

Heutzutage müssen Gläubige die Bedeutung des »kostbaren« Blutes Christi schätzen (1Petr 1,19). Unter anderem ist es sein Blut, durch das wir gerechtfertigt (Röm 5,9), erlöst (Eph 1,7), gewaschen (Offb 1,5), geheiligt (Hebr 13,12), nahe gebracht (Eph 2,13) und gereinigt

(1Jo 1,7) werden. Die Gemeinde wurde durch das Blut Christi erworben und ist deshalb für Gott äußerst kostbar (Apg 20,28).

2. Die Heiligkeit der Sexualität (3Mo 18,1-30)

Wir leben in einer von Sexualität durchdrungenen Gesellschaft. Sie belächelt monogame Ehen, ermutigt Abtreibung als Mittel der Geburtenkontrolle, propagiert und billigt perverse Sexualpraktiken zur Unterhaltung, leugnet die Existenz von moralisch absoluten Werten und glaubt tatsächlich, dass Menschen moralische Normen verletzen und den Folgen entgehen können. Fulton J. Sheen hatte Recht, als er sagte: »In der viktorianischen Epoche tat man so, als ob Sex gar nicht existierte; in der modernen Zeit tut man so, als ob nichts anderes existieren würde.«

Autorität (V. 1-5). Es gibt mehrere Gründe dafür, dass der Herr deutliche Anweisungen in Bezug auf persönliche Sexualhygiene, Sexualmoral und Ehe gibt. Zum einen sind wir nach dem Bild Gottes geschaffen und der Schöpfer weiß, was für seine Schöpfung am besten ist. Gott möchte gewiss, dass Ehepaare das wunderbare Geschenk der Sexualität genießen, aber er möchte auch, dass sie die schrecklichen Folgen vermeiden, die entstehen, wenn Gottes Gesetze gebrochen werden.

Gott hatte Israel zum Kanal erwählt, durch den sein Sohn in die Welt kommen würde, und es war wichtig, dass dieser Kanal geheiligt war. Der Zusammenbruch der Ehe in der jüdischen Gesellschaft und die Einbeziehung heidnischer Praktiken konnte den Plan Gottes für Israels Erlösung gefährden. Dies scheint der Schwerpunkt von Maleachi 2,15 zu sein. Der Herr erstrebt *»Nachkommenschaft von Gott«*, die nur aus frommen Ehen kommen kann.

Eine christliche Ehe sollte vor der Welt die Liebe bezeugen, die Christus für seine Gemeinde empfindet (Eph 5,25-33), doch wenn diese Ehe nicht rein und treu ist, ist das Zeugnis zerstört. Wenn in der Ehe Mann und Frau einander nicht so lieben können, wie Christus die Gemeinde liebt, warum sollten sie dann ihre noch nicht geretteten Freunde einladen, damit diese gerettet werden und Christi Liebe teilhaftig werden?

Drei Mal sagt Gott in diesem Abschnitt: *»Ich bin der Herr!«* (3Mo 18,2.4-5). Die Formulierung taucht in 3. Mose 18–26 etwa zweiundvierzig Mal auf. Dies ist die ganze Autorität, die wir benötigen für die Normen, die für uns gelten! Der Herr warnte Israel davor, *zurück*zuschauen und die Sünden nachzuahmen, die sie in Ägypten gesehen hatten, oder *umher*zuschauen und die Sünden der heidnischen Nationen nachzuahmen (18,3). Als die Juden Kanaan betraten, stellten sie fest, dass die dortige Bevölkerung unaussprechlich unmoralisch war; Israel würde auf Distanz bleiben müssen, um dem Herrn zu gefallen. Die heutige Gemeinde muss die gleiche Position einnehmen (2Kor 6,14–7,1; Eph 5,1-14; Kol 3,1-7).

Gehorsam gegenüber Gottes Geboten gibt Leben (3Mo 18,5). Tatsächlich haben andere Verfasser von Büchern der Bibel häufig diesen Vers zitiert (siehe Neh 9,29; Lk 10,28; Röm 10,5; Gal 3,12). Wenn die Menschen Gottes Gesetzen *vollkommen* gehorchen könnten, würde ihr Gehorsam sie retten, aber natürlich schafft das niemand. Deshalb kommt die Rettung allein durch Glauben und ist vollständig unabhängig von den Werken des Gesetzes (Röm 3,19-31). Nachdem wir jedoch gerettet sind, ist unser Gehorsam gegenüber dem Willen Gottes, wie er im Wort Gottes offenbart ist, die Grundlage für die Gemeinschaft mit Gott und den Genuss des reichen Lebens, das er sich für uns wünscht.

Normen (V. 6-23). Da Gott die Sexualität erfunden und die Ehe eingesetzt hat, steht ihm auch das Recht zu, die Vorschriften festzulegen, die für sie gelten und unser Gehorsam hilft, diese wunderbaren Segnungen vor den Befleckungen der Welt zu schützen. Die *Laissez faire*–Einstellung der humanistischen Welt, die besagt, dass alles akzeptabel ist, gilt nicht für Christen. Wenn es um moralische Normen geht, werden wir zunehmend zu einem verfolgten kläglichen Rest, aber wir wagen es und weichen nicht.

Die wiederholte Formulierung *»die Blöße aufdecken«* bedeutet ganz einfach »eine sexuelle Beziehung haben«. Diese Gesetze bezogen sich nicht nur auf die Ehe, sondern auch auf Gelegenheitskontakte, die unmoralisch waren. Die Verbote sind in diesem Kapitel aufgelistet, die Strafen stehen in Kapitel 20.

4. Mose 18,7-18 beschäftigt sich mit inzestuösen Beziehungen. Diese Vorschriften gehen von der Tatsache aus, dass Mann und Frau in der

Ehe ein Fleisch sind (1Mo 2,21-25; 1Kor 6,16; Eph 5,31). Zum Beispiel deckte ein Mann, der Beziehungen zu seiner Stiefmutter hatte, die Blöße seines Vaters auf, denn der Vater und die Stiefmutter waren eins (3Mo 18,8; siehe 1Kor 5,1ff.). Die meisten modernen Gesellschaften verbieten Eheschließungen zwischen Blutsverwandten – aber nicht wegen dem, was die Bibel sagt, sondern wegen der Folgen solcher Verbindungen. Die Kinder neigen dazu, die rezessiven schlechten Gene zu erben und bringen eher das Schlimmste im Familienstammbaum statt das Beste hervor.

3. Mose 18,16 verbot nicht das, was als »Leviratsehe« bekannt ist (»Levir« ist das lateinische Wort für »Bruder des Ehemannes«). Diese fand statt, wenn der Bruder eines verstorbenen Ehemannes die Witwe heiratete, um Söhne zu zeugen, die den Familiennamen weitergaben und das Familienerbe schützten (siehe 5Mo 25,5-10). Das Gesetz, das in 3. Mose 18,16 steht, verbot lediglich unzulässige Beziehungen zwischen Schwager und Schwägerin.

Das siebte Gebot *»Du sollst nicht ehebrechen«* (2Mo 20,14) wird in 3. Mose 18,20 ausdrücklich genannt (siehe 5Mo 5,18). Ein Mann hätte jetzt als Argument ins Feld führen können: »Ich kann bei der Frau meines Nächsten liegen, denn weil wir nicht verwandt sind, macht es nichts.« Aber Gott sagte, dass es falsch sei, und damit war es erledigt. Die Bibel wiederholt die strengen Warnungen vor Ehebruch (siehe Spr 2,16-19; 7,5-22; Mt 5,28; Röm 13,9; Gal 5,19; Jak 2,11).

Mit der Warnung vor dem Moloch (3Mo 18,21) werden wir uns beschäftigen, wenn wir 20,1-5 studieren.

Dieser Abschnitt findet seinen Höhepunkt in den Verboten der Homosexualität (18,22) und der Sodomie (V. 23; siehe 2Mo 22,18; 5Mo 27,21) und der Warnung, dass diese Sünden befleckend, abscheulich und pervers sind. Der beste Kommentar dazu steht in Römer 1,24-32 (siehe auch 1Mo 18,6-19,38; Ri 19; 5Mo 23,19, wo männliche Tempelprostituierte als »Hunde« bezeichnet werden).

Dass Menschen, die diese Sünden begangen haben, Vergebung finden und Gottes Kinder werden können, ergibt sich klar aus Matthäus 12,31 und 1. Korinther 6,9-11; dass Gott von ihnen erwartet, dass sie bereuen und ihren früheren Lebenswandel aufgeben, ergibt sich ebenso klar aus 2. Korinther 5,21, Epheser 5,1-10 und Kolosser 3,1-7.

Folgen (V. 24-30). Das hier gebrauchte Bild ist abschreckend. Sexuelle Perversionen sind wie Krankheitskeime; sie machen eine Gesellschaft und eine Nation krank. Schließlich wird das Land selbst krank und muss seine unreinen Menschen ausspeien, wie ein menschlicher Körper Gift ausspeit. Wie tragisch, dass Menschen, die nach Gottes Bild gemacht sind, als Auswurf enden! Bitte beachten Sie, dass es *nichtjüdische* Nationen waren, die hier verurteilt wurden – Völker, mit denen Gott keinerlei Bund geschlossen hatte, und doch nahm er sie in die Verantwortung für ihre schmutzigen Taten gegen die Natur (Röm 1,18).

Wenn Gott auf diese Weise mit *nichtjüdischen* Nationen umging, denen er niemals sein Gesetz gegeben hatte – um wie viel mehr wird er diejenigen zur Verantwortung ziehen, die behaupten, ihn zu kennen und sein Wort zu besitzen? Sexuelle Sünden haben grässliche Folgen, und das Urteil ist dort am strengsten, wo das Licht am hellsten geschienen hat. Ach, die Nation Israel war Gott gegenüber ungehorsam, befleckte ihr Land und wurde in die Gefangenschaft ausgespieen. Heute treten sowohl weltliche als auch kirchliche Organisationen offen für einen unmoralischen Lebenswandel ein, der im Gegensatz zu Gottes Wort steht; in Gottes Augen machen sie die Gesellschaft krank.

3. Die Heiligkeit des Gesetzes (3Mo 19,1-37)

In Kapitel 19 werden die Zehn Gebote auf verschiedene Bereiche des Lebens angewendet; in Kapitel 20 werden die Strafen genannt, die denjenigen auferlegt werden sollen, die Gottes Geboten nicht gehorchen. Gott erwartete von seinem Volk, dass es sein Gesetz ernst nahm und die Strafen gehorsam und ohne Günstlingswirtschaft anwendete.

Die Vorschriften in Kapitel 19 stehen in keiner erkennbaren Ordnung, doch was sie verbindet, ist ihr Bezug zu den Zehn Geboten (2Mo 10,1-17), die die Grundlage aller jüdischen Gesetze bilden und überhaupt die Basis aller Sittengesetze sein sollten. Vielleicht ist es am einfachsten, diese Gesetze in ihrer Beziehung zu Gott, zu Mitmenschen und zu Dingen zu sehen.[3]

Gebote, die sich auf Gott beziehen. Da Gott ein heiliger Gott ist, müssen wir ein heiliges Volk sein (2Mo 19,1-2). Wir haben festgestellt, dass die Formulierung »*Ich bin der Herr* (euer Gott)« in 3. Mose 18–26 mehr als vierzig Mal wiederholt wird, um uns daran zu erinnern, dass wir ihm gehören. Er warnt uns: »*Fürchte dich vor deinem Gott. Ich bin der Herr*« (19,32). Beachten Sie, dass Gott diese Gesetze »*meine* Ordnungen« und »*meine* Rechtsbestimmungen« nennt (V. 37), dass der Sabbat »*mein* Sabbat« (V. 3, 30) und das Zelt der Begegnung »*mein* Heiligtum« (V. 30) ist. Das Gesetz bringt sündige Menschen in die Gegenwart eines souveränen Gottes, der jedes Recht hat, uns zu sagen, was richtig und was falsch ist.

Den Sabbat halten (V. 3.30) erinnerte sie an das vierte Gebot (2Mo 20,8-11) und an die Tatsache, dass der Sabbat ein besonderes »*Zeichen*« zwischen Gott und Israel war (31,13-17; Neh 9,13-14). Wenn wir 3. Mose 23 studieren, stellen wir fest, dass sich das jüdische Leben auf ein System von Siebenern gründete, beginnend mit dem siebten Tag.[4] Die Missachtung des Sabbats war ein Kapitalverbrechen (4Mo 15,32-36).

Das Gesetz gegen *Götzenverehrung* (V. 4) bezieht sich sowohl auf das erste als auch auf das zweite Gebot (2Mo 20,2-6); seine Missachtung hatte die Todesstrafe zur Folge (3Mo 20,1-5). Wir könnten an dieser Stelle das Verbot der Hinwendung zum *Okkulten* (V. 26.31) einbeziehen, die eine Form der Götzenverehrung ist, welche von der Schrift unmissverständlich verurteilt wird (5Mo 13,1-5; 18,9-22).

3. Mose 19,5-8 betont die Bedeutung der Befolgung von *Gottes Anweisungen für die Anbetung*. Er sagte ihnen, wie sie das Heilsopfer darzubringen hatten (3,1-17; 7,11-21) und erwartete, dass sie gehorchten. Wir können auch 19,27-28 einbeziehen, wo die *Nachahmung von Praktiken Ungläubiger* verboten wird. Heutige Christen mögen Stile und Moderichtungen als sittlich neutral ansehen, aber das trifft nicht immer zu. Auch wenn Christen gewiss nicht so aussehen sollten, als wären sie »nicht von dieser Welt«, sollen sie die Welt doch nicht nachahmen. »*Seid nicht gleichförmig dieser Welt*« (Röm 12,2).

Der Name des Herrn (V. 12) ist heilig und darf niemals in gotteslästerlicher Weise oder in einem Schwur, den man keinesfalls einzuhalten gedenkt, benutzt werden. Dies ist die Bedeutung des dritten Gebots (2Mo 20,7). Wenn wir den Herrn fürchten, werden wir seinen Namen achten und aufrichtig beten: »*Geheiligt werde dein Name*« (Mt 6,9).

Gebote, die sich auf Mitmenschen beziehen. Diese beginnen mit der *Achtung der eigenen Eltern* (3Mo 19,3), die im fünften Gebot gefordert wird (2Mo 20,12; Mt 15,3-6; Eph 6,1-4). Damit in Zusammenhang steht die *Achtung alter Menschen* (3Mo 19,32), denn Gott sorgt sich um die Alten (Jes 46,4; 1Tim 5,1-2.4.8; 1Petr 5,5), und wir sollten es ihm gleich tun. Gott sorgt sich auch um Menschen mit körperlichen Behinderungen (3Mo 19,14). Jesus heilte den Blinden und den Tauben; das können wir nicht, aber wir können mithelfen, sie zu schützen und in die Lage zu versetzen, ein besseres Leben zu führen. Gott sorgt sich auch um *Fremde in unserer Mitte* (V. 33-34), und er erinnerte die Juden oft daran, dass sie in Ägypten selbst Fremde gewesen waren (2Mo 22,20; 23,9; 3Mo 25,23; 5Mo 10,19). Wenn man an die Tausende ausländischer Studenten denkt, die unsere Hochschulen und Universitäten besuchen und ein Missionsfeld vor unserer Haustür darstellen, bekommt diese Ermahnung noch mehr Bedeutung.

Gottes Sorge um *die Armen und Bedürftigen* wird in den »Erntegesetzen« deutlich (3Mo 19,9-10; siehe 23,22; 5Mo 23,24-25; 24,19-22; Rt 2). Sie zeigt sich auch in der Vorschrift, die sich auf *Löhne* bezieht (3Mo 19,13). Da Arbeiter täglich ausgezahlt wurden, bedeutete jede Verzögerung eine Härte (5Mo 24,14-15; Jak 5,4), und Arbeitgeber sollten ihre Arbeitnehmer niemals ausnutzen. *Arm und reich* sind vor Gott und dem Gesetz gleich, und das Recht darf nicht parteiisch sein (3Mo 19,15; siehe 2Mo 23,3), denn Gott hört das Schreien der Armen, wenn sie unterdrückt werden (Ps 82,3-4). Die Nation muss darauf achten, dass sie korrekte *Maße und Gewichte* hat, damit skrupellose Kaufleute nicht unschuldige Menschen berauben können (3Mo 19,35-36; siehe Spr 11,1; 16,11; 20,10.23; Am 8,5; Mi 6,10-11).

Das achte Gebot lautet: *»Du sollst nicht stehlen«* (2Mo 20,15); das neunte Gebot warnt vor dem Lügen (V. 16), und beide sind in 3. Mose 19,11 enthalten. Die Achtung der *Wahrheit* und des *Eigentums* anderer ist die Grundlage einer gerechten und wohlgeordneten Gesellschaft. Der Verleumder (V. 16) ist eine Gefahr für die öffentliche Sicherheit und den Frieden, besonders, wenn er als Zeuge vor Gericht lügt.

Sittliche Moral wird in den Versen 20-22 und 29 verlangt. Die Formulierung *»dann besteht Schadenersatzpflicht«* könnte bedeuten, dass der Täter dem Verlobten der Frau einen Geldbetrag zahlen musste. Es ist schwer nachzuvollziehen, warum manche jüdischen Väter wollten, dass ihre Töchter Prostituierte in heidnischen Tempeln werden sollten (V. 29; 5Mo 23,18). Diese Gesetze beziehen sich beide auf das siebte Gebot: *»Du sollst nicht ehebrechen«* (2Mo 20,14).

Mit anderen Menschen, besonders unseren Nächsten, auszukommen hat nichts mit dem Befolgen von Gesetzen zu tun, sondern damit, dass wir Liebe in unseren Herzen haben (3Mo 19,18). *»Liebe ist die Erfüllung des Gesetzes«* (Röm 13,10). Das neue Gebot, einander zu lieben, hilft uns in menschlichen Beziehungen, andere Leute so zu behandeln, wie Gott uns behandelt (Joh 13,34-35).

Gebote, die sich auf Dinge beziehen. Die merkwürdige Vorschrift in 3. Mose 19,19 scheint das Nachahmen von Praktiken zu verbieten, die mit heidnischer Anbetung zu tun haben, oder vielleicht ist sie auch einfach nur eine Erinnerung daran, dass Israel ein Volk für sich ist. Der hebräische Gelehrte R. Laird Harris übersetzt den ersten Teil des Verses so: »Lass dein Vieh nicht in einem ungleichen Joch hinfallen.« Dies wäre eine Parallele zu 5. Mose 22,10. Es wäre grausam, die gleiche schwere Last zwei Tieren mit unterschiedlichem Körperbau und unterschiedlicher Kraft in einem gemeinsamen Joch aufzuladen.

Dass Gott sich um die Ökologie sorgt, erkennen wir an 3. Mose 19,23-25; beachten Sie bitte auch 5. Mose 20,19-20. Früchte können natürlich nicht »beschnitten« werden, das Wort bedeutet ganz einfach »verboten«. Bis zum vierten Jahr waren die Früchte kräftiger geworden, da es die dritte Ernte nach dem Pflanzen war; sie gehörte dem Herrn. Die ersten Früchte sollen stets ihm gehören (Spr 3,9-10).

4. Die Heiligkeit des Gerichts (3Mo 20,1-27)

Dieses Kapitel benennt die Strafen für jene, die Gottes Gesetz brachen. Der gleiche Herr, der die Gebote verkündete, verkündete auch die Strafen.

In Israel wurden fünfzehn Vergehen als Kapitalverbrechen behandelt: das Schlagen oder Verfluchen eines Elternteils (2Mo 21,15.17); die Nichteinhaltung des Sabbats (31,14); Gotteslästerung (3Mo 24,10-16); die Beschäftigung mit okkulten Praktiken (2Mo 22,18); falsche Prophezeiungen (5Mo 13,1-6); Ehebruch (3Mo 20,10); Vergewaltigung (5Mo 22,25); Unkeuschheit vor der Ehe (V. 13); Inzest (3Mo 20,11-12); Homosexualität (V. 13); Sodomie (V. 15-16); Entführung (2Mo 21,16); Götzenverehrung (3Mo 20,1-5); falsche Zeugenaussage im Falle eines Kapitalverbrechens (5Mo 19,16-21) und beabsichtigtes Töten eines Menschen (2Mo 21,12).

Das Volk Israel war das Volk des Bundes mit Gott. Deshalb war das Gesetz Gottes das Gesetz des Landes. Heutzutage würde bei den meisten Nationen, außer vielleicht in manchen islamischen Gesellschaften, keines der hier aufgezählten Verbrechen die Todesstrafe nach sich ziehen, noch nicht einmal Mord. Die biblische Sicht des Gesetzes unterscheidet sich jedoch von der modernen Sicht der Dinge. Gott erließ sein Gesetz, um der Sünde Einhalt zu gebieten und nicht, um Sünder zu bessern; seine Strafen hatten den Zweck, das Gesetz zu stützen und nicht, die Täter zu besseren Menschen zu machen. Andererseits bedeutet das nicht, dass heutige Christen als Lobby die Todesstrafen für alle diese Vergehen fordern sollten. Wir wollen alles tun, was in unserer Macht steht, um gerechte Gesetze gerecht angewendet zu sehen, aber unsere Hauptaufgabe besteht darin, Menschen für Christus zu gewinnen, und unsere wichtigsten Waffen sind das Wort Gottes und das Gebet (Apg 6,4).

Üblicherweise steinigten die Juden Kapitalverbrecher zu Tode (3Mo 20,2; 5Mo 13,11; 17,5; 22,21.24), doch 3. Mose 20,14 und 21,9 sprechen von Menschen, die *»mit Feuer verbrannt«* werden. Wir wissen nicht mit Sicherheit, was *»ausrotten aus der Mitte des Volkes«* bedeutet (20,3.5-6.17-18); an einigen Stellen scheint es gleichgesetzt zu werden mit Tötung. Es könnten damit aber auch die Vertreibung aus dem Lager und der Verlust aller Privilegien des Bundes gemeint sein. Manche Täter schlug Gott mit Kinderlosigkeit (V. 20-21), und von anderen sagte er: *»Sie sollen ihre Schuld tragen«* (V. 19).

Moloch (V. 1-5) war der Gott der Ammoniter. Sein Bild aus Metall wurde erhitzt, bis es glühend rot war, und kleine Kinder wurden in seine Arme gelegt und zu Tode verbrannt (siehe 2Kö 23,10; 2Chr 33,6; Jer 32,35). Menschen, die solcherart Götzenanbetung praktizierten, waren unmenschlich und ihre Gegenwart im Lager befleckte Gottes Heiligkeit und entweihte seinen heiligen Namen. Götzenanbeter wurden nicht toleriert, weil sie andere beeinflussten und Menschen zur Abkehr von der Anbetung des wahren Gottes verleiteten.

Die in diesem Kapitel genannten Verbrechen – besonders diejenigen, die sich auf sexuelle Sünde beziehen – wurden bereits in unseren Studien von 3. Mose 18–19 behandelt. Beachten Sie bitte, dass dieses Kapitel mit einem weiteren Hinweis darauf endet, dass die Sünden des Volkes das Land beflecken können (20,22-27). Diese Warnung nahm die Zeit vorweg, als Israel Kanaan betrat und sein Erbe beanspruchte. Als ein auserwähltes und abgesondertes Volk waren sie verpflichtet, zwischen dem Reinen und dem Unreinen zu unterscheiden und nicht wie die Heiden in ihrer Umgebung zu leben.

Auch wenn das Gesetz ein Licht sein kann, dass das Schlechte offenbart und eine Wache, die das Schlechte in Zaum hält, kann es doch niemals das menschliche Herz verändern. Nur das Evangelium von Jesus Christus kann das. Gott hat Autoritäten eingesetzt, um den Frieden und die Ordnung in der Gesellschaft aufrechtzuerhalten (Röm 13); Christen sollten das Gesetz achten, Gutes tun und für diejenigen beten, die Ämter bekleiden. Gottes sittliches Gesetz ist die Offenbarung seines heiligen Willens für die Menschheit, und weder Einzelpersonen noch Nationen können Gottes Gesetz gering schätzen und seinem Gericht entgehen.

Vor mehr als zwei Jahrhunderten schrieb der amerikanische Patriot Thomas Jefferson in seinen *Notes on the State of Virginia*: »Ich zittere tatsächlich um mein Land, wenn ich bedenke, dass Gott gerecht ist.«

Dies sind ernsthafte Worte, über die wir heute nachdenken sollten.

Acht

3. Mose 21–22

Der Preis geistlicher Führung

Ob es sich um die Produktion von Autos, das Führen von Kriegen, den Verkauf von Computern oder den Aufbau der Gemeinde handelt – alles hängt von der Führung ab. Gottes Menschen sind *»alle einer in Christus Jesus«* (Gal 3,28) und vor Gott gleich, doch wir unterscheiden uns in unseren Gaben, Fähigkeiten und unseren besonderen Berufungen.

Die geistlichen Führer in der Nation Israel waren die Priester. *»Er darf sich nicht unrein machen als Herr unter seinen Volksgenossen, sich zu entweihen«* (3Mo 21,4). Sie waren verantwortlich für das Heiligtum Gottes, sie lehrten das Volk das Wort Gottes; sie brachten die Opfer an Gottes Altar dar, und wenn sie dazu aufgerufen wurden, ermittelten sie Gottes Willen für das Volk. Außer durch die Priester gab es für Israel keinen Zugang zu Gott.

Die Priester mussten den Anforderungen entsprechen, die Gott an die Priesterschaft stellte, und sie mussten ihm gemäß seinen Anweisungen dienen. In ihrem persönlichen Betragen, ihren körperlichen Merkmalen und ihren beruflichen Belangen mussten sie Gottes Zustimmung gewinnen. Wenn man ein geistlicher Führer sein will, hat das seinen Preis.

1. Persönliches Betragen (3Mo 21,1-15)

Das Privileg der Führerschaft bringt die Verantwortung für einen tadellosen Lebenswandel mit sich. In ihrer Hingabe an Gott und ihrem Gehorsam ihm gegenüber sollten die Priester dem Rest der Nation ein Beispiel geben.[1] Unglücklicherweise verkam die Priesterschaft Israels in geistlicher Hinsicht und führte das Volk vom rechten Weg ab. *»Die Sünde meines Volkes essen sie, und nach ihrer Schuld verlangen sie. Und* *wie dem Volk, so wird es dem Priester ergehen. Und ich suche seine Wege an ihm heim, und seine Taten vergelte ich ihm«* (Hos 4,8-9).

Es bestanden nicht nur für die Priester selbst Bedingungen und Anforderungen, sondern auch für jedes Mitglied ihrer Familien. Es war für sie alle wichtig, vor dem Herrn rituell rein zu bleiben. Das Wort *beflecken* wird in diesem Kapitel vier Mal verwendet, und das Wort *entweiht* taucht etwa sieben Mal auf. Sie werden bemerken, dass der Herr am Ende jedes längeren Abschnitt der Kapitel 21–22 *»Ich bin der Herr, der euch heiligt«* oder etwas Sinngemäßes sagt (3Mo 21,8.15.23; 22,9.16.32).

Die Söhne des Hohenpriesters (V. 1-8). Es gab nur einen Hohenpriester, aber da seine Söhne mit ihm dienten, waren sie ebenfalls eingesetzt und mussten deshalb ebenfalls die vom Herrn erlassenen Anforderungen erfüllen. Andere Juden im Lager konnten Hochzeiten und Beerdigungen weitgehend nach eigenem Gutdünken planen, doch den Priestern schrieb Gott vor, wie sie ihre Trauer (V. 1-6) ausdrücken und eine Ehefrau wählen (V. 7-8) sollten.

In biblischen Zeiten war der Ausdruck der Trauer eine Kunstform, die von Menschen praktiziert wurde, die Fachleute im Trauern waren (1Mo 50,7-11; 2Chr 35,25; Mk 5,38). Obwohl Gott von den Priestern erwartete, beim Tod eines lieben Menschen Trauer zu zeigen, erwartete er doch auch, dass sie sich wie die Diener Gottes benahmen.[2] Jeder, der einen Leichnam berührte oder ein Zelt betrat, in dem jemand gestorben war, war für eine Woche befleckt, und Befleckung hielt die Priester davon ab, den Menschen zu dienen (4Mo 19,11-14). Deshalb durften sich die Priester nur für ihre Eltern, ihre Kinder, ihre Brüder und ihre unverheirateten Schwestern beflecken; alle anderen Verstorbenen waren für sie tabu. Gehorsam stand über Zuneigung.

Doch der Herr kontrollierte sogar die *Form* ihrer Trauer (3Mo 21,4-6; siehe 19,27-28). Diese verbotenen Praktiken waren Sitte unter den heidnischen Völkern, unter denen Israel lebte, und das Volk Gottes sollte *»nicht betrübt sein wie die übrigen, die keine Hoffnung haben«* (1Thes 4,13). Auch in unserem Leid müssen wir danach trachten, Gott zu verherrlichen.

Jeder Priester, der sich den Kopf und den Bart rasierte und an seinem Körper Einschnitte vornahm (1Kö 18,28), handelte wie ein Heide und entweihte dadurch Gottes Namen und befleckte Gottes Altar.

Ein Priester, der sich wie seine heidnischen Nachbarn benahm, würde das jüdische Volk dazu ermuntern, gegenüber Gottes Gesetz ungehorsam zu sein und seinem schlechten Beispiel zu folgen. Tatsächlich war es ein Privileg für ihn, Gott zu kennen und an seinem Altar zu dienen. Ungehorsam gegenüber Gott würde die Entehrung des Namens Gottes und die Befleckung seines Altars und seiner Opfer bedeuten.

Wenn ich gebeten werde, an der Ordination eines Geistlichen oder der Entsendung eines Missionars teilzunehmen, versuche ich stets, die Person zu ermutigen, sich auf das Privileg des geistlichen Dienstes und nicht auf die damit einhergehenden Bürden und Opfer zu konzentrieren. Jesus Christus ist kein harter Lehrmeister und *»seine Gebote sind nicht schwer«* (1Jo 5,3). Kein Priester hätte sich wegen diese Beschränkungen beschweren sollen. Immerhin diente er dem Herrn und dem Volk des Herrn, ein Privileg, das jedes von ihm zu bringende Opfer wert war.

Was die Ehe betraf, so war es den Priestern verboten, Prostituierte und geschiedene Frauen zu heiraten. In den heidnischen Religionen gab es Tempelprostituierte, die mit den Priestern dienten, doch in Israel war Prostitution verboten (3Mo 21,9; siehe 19,29; 5Mo 23,19). Da die Söhne eines Priesters eine besondere Stellung in der Nation innehatten, musste er umsichtig darauf achten, dass er keine Frau heiratete, die fremde Nachkommenschaft in die Familie brachte. Um zu gewährleisten, dass die priesterliche Linie rein erhalten wurde, war er gezwungen, eine Jungfrau zu heiraten.

Wenn Sie die Anforderungen an Älteste und Diakone in 1. Timotheus 3 und in Titus 1 lesen, erkennen Sie zwangsläufig, dass die Frau eines Ältesten und seine Familie ein wichtiger Bestandteil seiner Stellung sind. In über vierzig Jahren als Geistlicher habe ich mehr als einen christlichen Arbeiter getroffen, der seinen Dienst »alleine durchwandern« musste, weil seine Frau nicht an geistlichen Dingen interessiert war. Alle Gläubigen müssen ihre Partner umsichtig auswählen (1Kor 7,39; 2Kor 6,14-18), doch jene, die zum Dienst für Christus berufen sind, müssen noch aufmerksamer sein.

Die Tochter des Hohenpriesters (V. 9). Wenn seine Tochter eine Prostituierte wurde und einen schlechten Lebenswandel hatte, verlor der Priester nicht sein Amt, sondern seine Tochter verlor ihr Leben. Sie wurde wahrscheinlich zu Tode gesteinigt (5Mo 22,21), und danach wurde ihr Körper geschändet, indem er wie Abfall verbrannt wurde (Jos 7,25; siehe 3Mo 20,14). In der heutigen Gemeinde muss der Gemeindeleiter jemand sein, der gläubige Kinder hat, *»die nicht eines ausschweifenden Lebens beschuldigt oder aufsässig sind«* (Tit 1,6). Diese Anforderung mag unnötig streng erscheinen, *»wenn aber jemand dem eigenen Haus nicht vorzustehen weiß, wie wird er für die Gemeinde Gottes sorgen?«* (1Tim 3,5).

Der Hohepriester (V. 10-15). Da der Hohepriester besonders gesalbt und mit heiligen Gewändern bekleidet war (8,7-12; 16,4), hatte er eine größere Verpflichtung, dem Herrn treu zu dienen und seinen Namen zu ehren. Die einfachen Priester durften sich durch die Leichname ihrer engsten Familienmitglieder beflecken, doch der Hohepriester durfte nicht einmal das. Er durfte nicht auf die übliche Weise seinen Schmerz bekunden, und er durfte auch nicht den Bereich des Zeltes der Begegnung verlassen, um an einer Beerdigung teilzunehmen (siehe 10,6-7). Aaron und seine Söhne hatten ihre Zelte an der Ostseite des Zeltes der Begegnung (4Mo 3,38) und es wurde von ihnen erwartet, dass sie sich bereithielten zum Dienst und sich nicht mit anderweitigen Aktivitäten im Lager beschäftigten (siehe 2Tim 2,4).

Da der erstgeborene Sohn des Hohenpriesters der nächste Hohepriester wurde, war es wichtig, dass keine fremde Nachkommenschaft in die Familie eindrang; deshalb konnte der Hohepriester nur eine Jungfrau heiraten (3Mo 21,13-14). In den meisten Fällen wählten Priester ihre Ehefrauen aus dem Stamm Levi (Lk 1,5), und dies traf besonders auf den Hohenpriester zu. Die Heirat mit einer unpassenden Frau würde seine Nachkommenschaft beflecken, und dies würde die Priesterschaft beflecken, die der Herr Gott geheiligt hatte (3Mo 21,8, 15).

Auch wenn diese besonderen Vorschriften nicht auf heutige Älteste und Diakone angewendet werden, sind ihre Grundlagen dennoch wichtig und aktuell. Wenn Gottes Segen auf unserem Dienst liegen soll, müssen wir uns selbst, unsere Ehen und unsere Familien vor Gott rein und hingebungsvoll erhalten. Eine fromme Ehe mit frommen Kindern stellt eine geistliche Festung dar, von wo der Diener Gottes hinaus in die Schlacht für den Herrn ziehen kann. Christen müssen viel für Pastoren und andere geistliche Führer sowie für deren Familien beten, denn jene, die leiten, sind die besonderen Zielscheiben des Feindes.

2. Körperliche Merkmale (3Mo 21,16-24)

Jeder aus der Rasse Adams ist ein Sünder, der unter den tragischen Folgen von Adams Sündenfall leidet, doch unsere körperlichen und sittlichen Makel stellen weder für die Rettung noch für den Dienst ein Hindernis dar. Wenn Gott die Verlorenen einlädt, gerettet zu werden, ruft er *»die Armen und Krüppel und Blinden und Lahmen«* (Lk 14,21), also genau die Leute, denen Jesus diente, als er hier auf Erden war (Mt 4,23-25). Und alle Gläubigen können sich dem Herrn übergeben und »lebendige Opfer« für seine Herrlichkeit sein ohne Rücksicht darauf, welche Behinderungen sie haben mögen.

Fanny Crosby, die großartige Choraldichterin, war blind; ebenso George Matheson, Schriftsteller, Choraldichter und Prediger. Amy Carmichael lenkte die Arbeit ihrer Mission in Indien von ihrem Krankenbett aus. Der schottische Presbyterianerpastor Robert Murray McCheyne war wegen seines schwachen Herzens häufig erschöpft. Und Charles Spurgeon musste London während des Winters verlassen, um sich in Südfrankreich zu kurieren. Körperliche Behinderungen oder Gebrechen müssen keine Barriere für den christlichen Dienst darstellen, wenn wir uns ganz auf die Gnade Gottes verlassen (2Kor 12).

Von der Nation Israel jedoch verlangte Gott, dass jeder Priester frei von Unvollkommenheiten und Gebrechen war. Für diese Forderung gab es zwei Gründe. Zuerst einmal mussten alle Opfer, welche die Leute zum Herrn brachten, vollkommen sein; da war es nur gerecht, wenn diejenigen, welche die Opfer am Altar darbrachten, ebenfalls ohne Makel waren. Zweitens dienten die Priester als Bild jenes großen Hohenpriesters, der kommen würde, und an ihm haftet keinerlei Makel.

Wir haben keinen Grund zu der Annahme, dass ein für untauglich erklärter Priester im Lager Israels wie ein Bürger zweiter Klasse behandelt wurde. Auch wenn Priester mit körperlichen Gebrechen nicht am Altar oder im Heiligen den Dienst tun konnten, wurden sie dennoch als Priester angesehen und durften mit ihren Familien an den Opfermählern teilnehmen (3Mo 2,3.10; 6,14-18) und anderer materieller Vorteile teilhaftig werden, die der Stamm Levi genoss.

Wir kennen nicht mit Sicherheit die Bedeutung all der hebräischen Wörter für die Behinderungen, die in diesem Abschnitt genannt werden, aber *»blind oder lahm oder mit gespaltener Nase oder einem zu langen Glied«* (21,18) scheint sie zusammenzufassen. Einige davon waren Geburtsfehler, andere mögen die traurigen Folgen von Krankheiten oder Unfällen gewesen sein. In alter Zeit waren die Menschen nicht so kundig im Richten von Knochenbrüchen und im Umgang mit Krankheiten wie moderne Ärzte. Eunuchen, Männer mit zerdrückten Hoden, waren in der anbetenden Gemeinde Israels nicht zugelassen (5Mo 23,2) und es wäre ihnen auch gewiss nicht erlaubt gewesen, am Altar zu dienen. Die Zeugung von Kindern war den Juden wichtig, und besonders wichtig war es, dass die priesterliche Linie fortgesetzt wurde.

Nochmals sei gesagt, dass dieser Bibelabschnitt heutzutage nicht dazu benutzt werden darf, Menschen mit körperlichen Gebrechen zu demütigen oder einzuschüchtern. Er wurde keinesfalls zu diesem Zweck geschrieben. Die Priester waren besondere Menschen mit einer wichtigen Aufgabe und Gott wollte, dass sie in physischer Hinsicht die Allerbesten waren. In einem kranken Körper lebt oftmals eine schöne Seele, und solche Leute kann der Herr ganz wunderbar gebrauchen.

Wenn Sie das nächste Mal eine Aufnahme des großen Dirigenten Arturo Toscanini hören, dann erinnern Sie sich daran, dass er seinen Erfolg einer Behinderung verdankte: Er war kurzsichtig. Als er neunzehn war und in einem kleinen europäischen Orchester Cello spielte, musste er die gesamte Partitur auswendig lernen, weil er im Orchestergraben saß, wo er die Noten nicht gut genug sehen konnte, um sie zu lesen. Eines Tages wurde der Dirigent krank und Toscanini war der Einzige, der zur Hand war und die Partitur vollständig kannte. Und so dirigierte er das Konzert vollständig aus dem Gedächtnis. Dies war der Anfang seiner bemerkenswerten Karriere, die nur durch eine Behinderung möglich geworden war – und durch sein gutes Gedächtnis.

3. Berufliche Belange (3Mo 22,1-33)

Damit ein Priester dem Herrn in annehmbarer Weise dienen konnte, genügte es nicht, dass er sich als Sohn Aarons ohne einen körperlichen Makel qualifizierte. Er musste außerdem seinen Dienst so tun, dass der Herr Gefallen an ihm fand. Die Anbetenden mochten auf die äußerliche Handlung achten, aber Gott sah auf sein Inneres, sein Herz.

Die Formulierung *»sich von den heiligen Dingen enthalten«* (V. 2) gibt das Thema dieses Kapitels vor. Sie bedeutet »mit Achtung und Ehrerbietung behandeln« oder »mit etwas vorsichtig umgehen«. Die Priester brachten den ganzen Tag lang, das ganze Jahr hindurch Opfer dar; es wäre ihnen ein Leichtes gewesen, eine »gewerbsmäßige« Haltung zu entwickeln, die eine heilige Handlung in eine oberflächliche Routine verwandelt hätte. Der Romanschriftsteller George McDonald sagte: »Nichts ist so tödlich für das Göttliche wie eine gewohnheitsmäßiger Umgang mit den Äußerlichkeiten heiliger Dinge.« Darum geht es in dieser Warnung.

Als ich ein Student im Seminar war, erzählte uns einer unserer Professoren von seinen Gefühlen, als er die Unterhaltung zwischen zwei Studenten mithörte, die sich eines Nachmittags über den Campus hinweg laut rufend unterhielten.

»Wo willst du hin?«, fragte der eine.

»Rüber zur Madison Avenue!«, war die Antwort.

»Ist dort was los?«

»Ach, ich muss dort 'ner Leiche was vorlesen!«

Der Professor war ebenso zornig wie verletzt, als er darüber nachdachte, dass einer seiner Studenten ein christliches Begräbnis als »'ner Leiche was vorlesen« bezeichnete. Dieses Verhalten ist das, was Ralph G. Turnbull »das Schreckgespenst der Berufsmäßigkeit« nannte; fähig zu sein, die Handlungen des geistlichen Dienstes auszuführen, aber ohne mit dem Herzen dabei zu sein.[3] Nach außen hin tut man die richtigen Dinge auf die richtige Art und Weise, aber wenn Gott das Herz ansieht, dann ist dort drinnen nichts richtig. In den Zeiten des Propheten Maleachi überschattete das Schreckgespenst der Berufsmäßigkeit die Arbeit aller Priester (Mal 1,6–2,9).

Gleichgültigkeit und berufsmäßiges Verhalten am Altar zeigte sich auf drei Weisen: durch unreine Priester (3Mo 22,3-9), unzulässige Gäste (V. 10-16) und unakzeptable Opfer (V. 17-33). Der Priester befleckte schließlich sich selbst, die Opfer und den Altar, an dem er Gott dienen sollte.

Unreine Priester (V. 3-9). Nehmen wir einmal an, ein Priester befleckte sich, aber reagierte nicht darauf – würde irgendjemand darauf kommen, dass er unrein war? Er konnte weiterhin am Altar seinen Dienst versehen, mit den Opfern umgehen und sogar seinen rechtmäßigen Anteil an den heiligen Opfern essen, und dies alles ohne Konsequenzen. Aber Gott würde es wissen und der Priester wäre deshalb in Lebensgefahr (V. 9).

Diese Art von Verhalten würde darauf hinweisen, dass der Priester sich selbst über Gott stellte und ihm sein Ruf wichtiger als sein Charakter war. Der Name dieser Sünde lautet *Heuchelei.* Es machte ihm Sorgen, dass die Menschen wissen könnten, dass er unrein war, aber es machte ihm nichts aus, dass er den heiligen Dienst befleckte, für den Gott ihn auserkoren hatte. Wie die Pharisäer in den Tagen unseres Herrn schien dieser Priester rein zu sein, aber eigentlich war er in seinem Inneren voller Unreinigkeit (Mt 23,25-28).

Alle, die dem Herrn und den Menschen des Herrn dienen, müssen vor Gott offen und ehrlich sein und ihren geistlichen Dienst vor allem anderen versehen, um ihm allein zu gefallen. Wir müssen Gott für das Privileg danken, dass er uns zum Dienst gerufen hat, und wir müssen die Dinge Gottes mit heiligem Respekt behandeln. *»Und kein Geschöpf ist vor ihm unsichtbar, sondern alles bloß und aufgedeckt vor den Augen dessen, mit dem wir es zu tun haben«* (Hebr 4,13). Joseph machte sich diese Betrachtungsweise zu eigen, als er zu seiner Versucherin sagte: *»Wie sollte ich dieses große Unrecht tun und gegen Gott sündigen?«* (1Mo 39,9). Dies war auch Paulus' Sicht des geistlichen Dienstes: *»Darum übe ich mich auch, allezeit ein Gewissen ohne Anstoß zu haben vor Gott und den Menschen«* (Apg 24,16).

Der größte Schutz gegen Berufsmäßigkeit und Heuchelei im geistlichen Amt ist die Furcht des Herrn, wie sie sich in einem sensiblen Gewissen offenbart (2Kor 1,12; 4,2; 5,11). Das Gewissen ist wie ein Fenster, das Licht hereinlässt. Wenn das Fenster schmutzig wird, wird das Licht nach und nach zu Dunkelheit. Wenn das Gewissen erst befleckt ist (Tit 1,15), verschlechtert es sich zusehends und mag am Ende so abgestumpft sein, dass es überhaupt kein Empfinden mehr hat (1Tim 4,2). Dann wird aus ihm ein *»böses Gewissen«* (Hebr 10,22), eines, das genau wie das Gegenteil eines guten Gewissens funktioniert (1Petr 3,16).

Unzulässige Gäste (V. 10-16). Ein Priester konnte Teile festgelegter Opfer essen und das Essen mit denjenigen in seiner Familie teilen, die zum Mitessen zulässig waren. Doch wenn er mit Gottes Opfern allzu großzügig umging und Außenstehende in diesen Kreis aufnahm, sündigte er gegen den Herrn und gegen seinen Gast. Der unzulässige Gast musste ein Schuldopfer sowie eine Buße darbringen, und dadurch käme dieses Mahl für ihn tatsächlich recht teuer!

Mit anderen Worten, ein treuer Priester musste die Ehrlichkeit und den Mut haben, sowohl zu sich selbst (3Mo 22,1-9) als auch zu anderen Nein zu sagen (V. 10-16). Dies umfasste auch seine Töchter, die aus der priesterlichen Familie hinausgeheiratet hatten (V. 12-13). Sein liebendes Herz wollte sie am Festmahl teilhaben lassen, aber das durfte er nicht. Sie einzuladen würde sie nur verletzen und zur Zahlung einer Strafe zwingen.

Eines der schwersten Dinge im geistlichen Amt besteht darin, Nein sagen zu müssen, aber um unsere Gemeinschaft vor Gott reinzuhalten, müssen wir es manchmal tun. Der Pastor, der sich weigert, einen gläubigen und einen ungläubigen Menschen zu trauen, macht sich Feinde, besonders unter den Verwandten des Brautpaars, aber er hält sein Gewissen vor Gott rein. Eltern, die ihren Kindern die Pflege schädlicher Freundschaften verbieten, werden missverstanden und manchmal verlästert, aber sie wissen, dass sie Gottes Willen tun. Gemeinden, die sich weigern, Menschen aufzunehmen, die keinen seligmachenden Glauben an Christus bezeugen, werden häufig als »heiliger als heilig« geschmäht, aber sie haben den Mut, Nein zu sagen.

Unakzeptable Opfer (V. 17-21). Ebenso wie die Priester frei von körperlichen Makeln sein mussten, mussten auch die Opfer, die sie darbrachten, vollkommen sein – andernfalls würde der Herr sie nicht akzeptieren. Ich frage mich, wie oft die Priester wohl einen Gläubigen und sein Opfer zurückweisen mussten, weil der Mann versuchte, dem Herrn ein minderwertiges Tier zu schenken, das es nicht wert war, behalten zu werden, aber im Verkauf nichts einbringen würde? *»Und ihr … bringt Geraubtes herbei und das Lahme und Kranke; so bringt ihr die Opfergabe. Soll ich Gefallen haben an dem, ›was‹ von eurer Hand ›kommt‹? spricht der HERR«* (Mal 1,13). *»Bring es doch deinem Statthalter! Wird er Gefallen an dir haben oder dein Angesicht erheben? spricht der HERR der Heerscharen«* (Mal 1,8).

Nicht nur, dass Gottes Diener es anderen Menschen nicht leicht machen dürfen zu sündigen (3Mo 22,10-16) – sie müssen die Menschen auch ermutigen, dem Herrn ihr Bestes zu geben. David hatte die richtige Einstellung: *»Ich will dem HERRN, meinem Gott, nicht umsonst Brandopfer opfern«* (2Sam 24,24). Der Priester, der seine eigene Tätigkeit ernst nahm und Hochachtung für die Opfer Gottes verspürte, würde nur solche Tiere akzeptieren, die Gottes Anforderungen entsprachen. Einen Gläubigen mit einer falschen Versicherung der Vergebung vom Altar wegzuschicken, würde für sein geistliches Leben einen großen Schaden darstellen.

Die besondere Anforderung bezüglich des Alters des Opfers (3Mo 22,26-28; siehe 2Mo 22,29) offenbart das sanfte Herz, das der Schöpfer für sein Werk hat (Jon 4,11; 5Mo 22,6-7). Ein Kalb oder Lamm, das weniger als eine Woche alt war, hätte während des Transports zum Heiligtum sterben können. Es erscheint mir grausam, eine Mutter und ihr Junges am gleichen Tage zu töten, ganz gleich aus welchen Gründen. Wenn wir unsere religiösen Pflichten erfüllen, müssen wir vorsichtig darauf achten, dass wir nicht herzlos oder rücksichtslos mit dem umgehen, was Gott uns geschenkt hat. Mehr als ein Sozialkritiker hat darauf hingewiesen, dass die Leute ihre Mitmenschen zunehmend ebenso behandeln wie Tiere. »Denn was mit den Tieren geschieht, passiert auch bald dem Menschen«, sagte der Indianerhäuptling Seattle. »Alle Dinge stehen in Verbindung.«

Nehmen wir an, ein Priester fragte: »Warum sollte ich die Opfer Gottes und den Dienst, den er mir zugewiesen hat, ehren und achten?«

Die letzten drei Verse dieses Kapitels würden diese Frage deutlich beantworten.

So lauten Gottes Befehle, die befolgt werden müssen. Gott befiehlt niemals etwas, was nicht zu unserem Besten ist.

Auf diese Weise verherrlichen wir Gottes Namen und heiligen ihn vor seinem Volk.

Der Herr, der uns befiehlt, hat uns auch aus der Sklaverei erlöst, und er ist derjenige, der uns als sein besonderes Volk hervorgehoben hat. Wir schulden ihm alles!

Welche größere Motivation brauchen wir da noch?

NEUN

3. Mose 23

Der Kalender, der die Zukunft vorhersagt

Wenn Sie eine Welt der Verwirrung und des Durcheinanders kennen lernen wollen, dann studieren Sie die Entwicklung des modernen Kalenders.

Zur Zeit von Julius Cäsar hatte sich der Kalender so weit vom Einklang mit der Natur entfernt, dass Cäsar einen griechischen Astronomen namens Sosigenes anwies, das Problem zu beheben. Da Sosigenes nicht die Bewegungen der Himmelskörper beeinflussen konnte, löste er es, indem er dem Kalender vorübergehend drei zusätzliche Monate hinzufügte, wodurch das Jahr 45 vor Christi Geburt 445 Tage hatte! Die Menschen, die in diesem Jahr geboren waren, hatten später gewiss ihren Spaß dabei, ihre Geburtstage auszurechnen.

Papst Gregor XIII. (1502–1585) setzte den Kalender ein, den wir heute benutzen. Tatsächlich ist er eine überarbeitete Version des alten julianischen Kalenders. Als Großbritannien mitsamt seinen Kolonien im Jahre 1752 den gregorianischen Kalender übernahm, wurde der 3. September zum 14. September und elf Tage verschwanden aus der britischen Geschichte. Der zwanzigjährige George Washington stellte fest, dass sein Geburtstag vom 11. Februar auf den 22. Februar gerutscht war. Vielleicht feierte er ihn in jenem Jahr zwei Mal.

Kalender sind ein normaler Bestandteil unserer modernen geschäftigen Welt, aber für das Volk Israel in den Tagen Moses waren sie nicht so wichtig. Die Juden arbeiteten vom Sonnenaufgang bis zum Sonnenuntergang, zählten die Monate anhand der Mondphasen und sahen zu, wie die Jahreszeiten kamen und gingen. Gott hatte ihnen *»Saat und Ernte, Frost und Hitze, Sommer und Winter, Tag und Nacht«* (1Mo 8,22) versprochen, und sie waren zufrieden. Jeder Tag war eine heilige Gabe Gottes.

Gott schenkte Israel einen Kalender, der an den Rhythmus der Natur und die Geschichte der Nation geknüpft war. Es war ein ungewöhnlicher Kalender, denn er fasste nicht nur zusammen, was Gott für sie in der Vergangenheit getan hatte, sondern enthielt auch bereits das, was Gott in der Zukunft für sie tun würde. Das Rettungswerk Jesu Christi, die Gründung der Gemeinde und die Zukunft des Volkes Israel sind allesamt in diesen sieben Festen dargestellt.

In diesem Kapitel werden diese besonderen Tage etwa zehn Mal als *»Feste«* und etwa acht Mal als *»heilige Versammlungen«* bezeichnet. »Feste« haben nichts mit Essen zu tun; am Versöhnungstag fasteten die Menschen sogar. Das Wort bedeutet ganz einfach »festgelegte Zeiten«. »Versammlung« erweckte den Eindruck, dass während jedes Festes alle Menschen als Gemeinde zusammenkamen, aber auch das ist nicht richtig. An manchen der besonderen Tagen fanden besondere Zusammenkünfte statt, aber das Wort bedeutet eigentlich »Verkündigung« oder »Bekanntmachung«. Der Herr »legte diese Ereignisse fest« und »gab sie bekannt«, und das Volk hatte sie vertrauensvoll zu feiern.

1. Der wöchentliche Sabbat: Gott regelt unsere Zeit (3Mo 23,1-3)

Der wöchentliche Sabbat war keines der jährlichen Feste (2Mo 20,8-11), aber er war ein wichtiger Tag für das jüdische Volk und es wurde von ihnen erwartet, dass sie ihn ehrten. Ihn nicht zu ehren bedeutete den Tod (4Mo 15,32-36).

Gott gab Israel den Sabbat aus verschiedenen Gründen. Zum einen schenkte er den Menschen, den Arbeitstieren und dem Land dadurch die notwendige Ruhe und Erholung. (»Sabbat« leitet sich von einem hebräischen Wort ab, das »ruhen«, »von der Arbeit ablassen« bedeutet.) Auf der Grundlage von 1. Mose 2,1-3 erinnerte der wöchentliche Sabbat die Juden daran, dass Gott Jahwe der Schöpfer war und sie selbst lediglich Verwalter seiner großzügigen Gaben. Der Herr ordnete außerdem Sabbatjahre und das Jobeljahr an, um die Juden davon abzuhalten, das Land auszubeuten und auszulaugen (3Mo 25). In den Sabbatgesetzen zeigt sich Gottes zärtliche Fürsorge für seine Schöpfung.

Der Sabbat war außerdem ein besonderes Zeichen zwischen Gott und dem Volk seines Bundes (3Mo 31,12-17). Andere Völker mochten am siebten Tag arbeiten und ihn wie alle anderen Tage behandeln, aber die Israeliten ruhten am siebten Tage und bezeugten dadurch, dass sie dem Herrn gehörten (Neh 13,15-22; Jes 58,13-14). Nehemia macht deutlich, dass Israel das Sabbatgesetz erst erhielt, als Israel am Sinai ankam (Neh 9,13-14), und Psalm 147,19-20 lässt darauf schließen, dass das Gesetz niemals an die nichtjüdischen Nationen erging. Obwohl Gläubigen heutzutage nicht mehr befohlen wird, den Sabbat zu halten (Röm 14,1ff; Kol 2,16-17), ist es ein guter Grundsatz, am siebten Tag zu ruhen.

2. Passah: Christus starb für unsere Sünden (3Mo 23,4-5)

Passah ist Israels Fest der Befreiung; der Schlüsselabschnitt ist 2. Mose 12. Das unschuldige Lamm starb für den Erstgeborenen; weil das Blut des Lammes durch Glauben an die Türen gestrichen wurde, waren die erstgeborenen Söhne in Sicherheit. Dies war *»das Passah für den HERRN«* und das einzige Mittel zur Rettung, das er in jener furchteinflößenden Nacht zur Verfügung stellte, als der Todesengel Ägypten besuchte. Das Blut des Lammes zurückzuweisen, bedeutete die Hinnahme der Verurteilung und des Todes.

Das Lamm bezeichnet Jesus Christus, der am Kreuz sein Blut für eine Welt verlorener Sünder vergoss (Joh 1,29; 1Petr 1,19-20). *»Denn auch unser Passah›lamm‹, Christus, ist geschlachtet«* (1Kor 5,7). Da das Passahlamm vollkommen sein musste, wurde es am zehnten Tag des Monats ausgewählt und von da an sorgfältig beobachtet, bis es am vierzehnten Tag des Monats geschlachtet wurde. Das ist ein Bild auf Jesus Christus, *»der Sünde nicht kannte«* (2Kor 5,21), *»der keine Sünde getan hat«* (1Petr 2,22) und von dem es heißt *»Sünde ist nicht in ihm«* (1Jo 3,5).

Die erstgeborenen Juden in Ägypten wurden nicht vom Tode errettet, indem sie das Lamm bewunderten, für es sorgten oder es liebten. Das Lamm musste geschlachtet und das Blut an die Türpfosten jedes jüdischen Hauses gestrichen werden. Wir sind nicht durch Christus, das Beispiel, oder durch Christus, den Lehrer, gerettet. Wir sind gerettet durch Christus, den Stellvertreter, der sein Leben an unserer Stelle am Kreuz hingab – dies geschah zur gleichen Stunde, als die Passahlämmer im jüdischen Tempel in Jerusalem geschlachtet wurden.

Die Juden aßen auch das Lamm, und dies gab ihnen Kraft für die Reise, die vor ihnen lag. Kein Außenstehender durfte am Passahmahl teilnehmen (2Mo 12,43-51). Man musste entweder in die Familie hineingeboren (V. 48-49) oder gekauft worden sein, und die Körper der Männer mussten das Zeichen des Bundes tragen. Jene, die Jesus Christus noch niemals vertraut haben, können sich nicht durch das Wort an ihm laben und die Stärke finden, die sie für ihre Lebensreise brauchen. Nur wer durch seinen Glauben an Christus in Gottes Familie hineingeboren, durch sein Blut erkauft und durch den Heiligen Geist als ein Kind des Neuen Bundes gezeichnet wurde, kann Jesus Christus durch das Wort aufnehmen und sich an ihm laben.

Passah war der Anfang des jüdischen Gemeindejahres (V. 1-2), und wenn Sünder auf Christus vertrauen, wird das für sie zum Anfang eines neuen Lebens (2Kor 5,21). Israel war nicht nur vor der Strafe errettet worden; die Nation war außerdem aus Ägypten befreit worden, um zu ihrem versprochenen Erbe zu wandern.

3. Das Fest der ungesäuerten Brote: Trennung von der Sünde (3Mo 23,6-8)

Während der sieben Tag nach Passah aßen die Juden nur ungesäuertes Brot zu ihren Mahlzeiten und fegten gründlich allen Sauerteig aus ihren Häusern (2Mo 12,15-20). An vielen Stellen in der Bibel ist Sauerteig ein Bild für Sünde. Deshalb ist das Entfernen des Sauerteigs ein Symbol für die Reinigung des Lebens, nachdem der Mensch durch seinen Glauben an das Blut gerettet worden ist (2Kor 6,14–7,1).

Wir müssen den *»alten Sauerteig«* des alten Lebens ausfegen (1Kor 5,7). Diese Dinge gehören zu der Zeit vor unserer Bekehrung und haben keinen Platz in unserem neuen christlichen Lebenswandel (1Petr 4,1-5). Wir müssen außerdem *»den Sauerteig der Bosheit und Schlechtigkeit«* (1Kor 5,8; Eph 4,31-32), den Sauerteig der Heuchelei (Lk 12,1) und den Sauerteig der falschen Lehre (Gal 5,7-9) loswerden. Der *»Sauerteig des Herodes«* (Mk 8,15) steht für eine Haltung des Stolzes und der Weltlichkeit, die im Leben dieses bösen Königs offenbar wurde. Und der *»Sauerteig der Sadduzäer«* war Unglauben (Mt 16,6).

Die Menschen wurden nicht vom Tod und aus der Sklaverei errettet, indem sie den Sauerteig entfernten, sondern indem sie durch Glauben das Blut des Lammes anwandten. Heutzutage denken die Menschen, sie würden gerettet, weil sie sich bessern oder eine schlechte Gewohnheit ablegen, aber so gut das auch ist, kann es doch niemals das Gleiche bewirken wie Christi Blut. Rettung gibt es einzig durch das Blut Christi, des sündlosen Lammes Gottes, aber: *»Jeder, der den Namen des Herrn nennt, stehe ab von der Ungerechtigkeit«* (2Tim 2,19).

Das Christenleben ist weder eine Hungersnot noch eine Trauerfeier, sondern ein Fest. *»Darum lasst uns Festfeier halten, … mit Ungesäuertem der Lauterkeit und Wahrheit«* (1Kor 5,8). Sünde kann sich heimlich in unser Leben schleichen und in der Stille wachsen, um den inneren Menschen zu verderben. Ein einziger »giftiger« Christ in einer kirchlichen Gruppierung kann die ganze Gruppe beflecken, wenn ihm dafür genug Zeit zur Verfügung steht. Wenn sie Gelegenheit hat zu wachsen, wird eine falsche Lehre eine ganze Gemeinde zerstören.

In vielen Teilen der westlichen Welt finden sich Gemeinden und Schulen, die einst treu dem christlichen Glauben verbunden waren, aber ihn heute verleugnen. Wie konnte dies geschehen? Irgendwann stellte ein Gremium einen Lehrer ein oder berief einen Pastor, der nicht aus vollem Herzen hinter der evangelikalen Glaubenslehre stand, und der Sauerteig der falschen Lehre schlich sich leise ein. Schon bald war der gesamte Teigklumpen durchsäuert, und die Gemeinde war nicht länger evangeliumsgläubig. Christliche Leiter müssen auf der Hut sein und mutig danach trachten, Gottes Werk so weit wie möglich frei von Sauerteig zu bewahren.

4. Das Fest der Erstlinge der Ernte: Christus steht von den Toten auf (3Mo 23,9-14)

Am Tag nach dem Sabbat, der auf das Passahfest folgte – also am ersten Tag der Woche –, nahm der Priester die erste Gerstengarbe vom Feld und schwang sie als Opfer vor dem Herrn. Es war ein Zeichen dafür, dass das Erste und das Beste Gott gehörte, und es geschah, bevor Israel für sich die Ernte einbrachte (2Mo 23,19; Neh 10,34-37; Spr 3,9).

Außerdem war es ein Ausdruck der Dankbarkeit gegenüber dem Herrn für die Ernte und das Geschenk des täglichen Brotes. Die Juden durften erst von der Ernte essen, wenn die Erstlinge der Ernte geopfert worden waren (3Mo 23,14), ein alttestamentliches Bild für Matthäus 6,33.

Das männliche Lamm, das als Brandopfer dargebracht wurde, symbolisierte die Hingabe der Nation an Gott. Das Speisopfer und das Trankopfer erinnerten daran, dass ihre beiden Grundnahrungsmittel, Brot und Wein, von Gott kamen (siehe Ps 104,14-15).

Diese Anordnung hat jedoch eine tiefere Bedeutung, denn Jesus Christus ist *»der Erstling der Entschlafenen«* (1Kor 15,20). Jesus verglich seinen Tod und seine Bestattung mit dem Pflanzen eines Samens (Joh 12,24), und Paulus vertiefte das Bild, indem er Jesu Auferstehung als die Ernte des Korns sah (1Kor 15,35-49).

Zwei grundlegende Wahrheiten verschmelzen hier: Erstens, Gott nahm die Garbe anstelle der gesamten Ernte an, und weil der Vater Jesus Christus angenommen hat, sind wir in ihm angenommen (Eph 1,6). Zweitens ist die Garbe wie die Ernte. Der Priester schwang keine Palmzweige, um die Gerstenernte zu symbolisieren, sondern eine Gerstengarbe. Jesus Christus ist als der Erstling der Ernte der Auferstehung jetzt das, was sein Volk eines Tages sein soll. Bei der Ernte der Auferstehung sollen wir sein wie er (1Kor 15,49; Phil 3,20-21; 1Jo 3,1-3).

Die Tatsache, dass diese Anordnung für den ersten Tag der Woche, also den Tag des Herrn, galt, ist bezeichnend, denn Jesus Christus erstand am ersten Tag der Woche von den Toten auf. Psalm 118,17-24 scheint den Sieg der Auferstehung des Messias über alle seine Feinde zu beschreiben (siehe Mt 21,1-11.42-46), und in Psalm 118,24 steht: *»Dies ist der Tag, den der HERR gemacht hat! Seien wir fröhlich und freuen wir uns in ihm!«* Dies könnte ein Hinweis sein auf den ersten Tag der Woche, den Tag der Auferstehung.

5. Pfingsten: der Geburtstag der Gemeinde (3Mo 23,15-21)

Dieser besondere Tag wurde auch *»das Fest der Wochen«* genannt, weil es sieben Wochen nach dem Erstlingsfest gefeiert wurde. Das Wort »Pentecost« bedeutet »der Fünfzigste«, und da das Fest sieben Wochen nach dem Erstlingsfest stattfand, fiel es ebenfalls auf den ersten Tag der Woche, also den Tag des Herrn. Jeder Tag des Herrn erinnert an die Auferstehung Christi, das Kommen des Geistes und die Geburt der Gemeinde.

Statt *Garben* schwang der Priester zwei *Laibe* Brot vor dem Herrn, die mit Sauerteig gebacken waren. Um Laibe zu haben, musste das Korn zu Mehl zermahlen und das Mehl verbacken werden. Die Erfüllung dieses Bildes ist in Apostelgeschichte 2 festgehalten, als fünfzig Tage nach Christi Auferstehung der Heilige Geist kam und die Gläubigen in der Gemeinde vereinte, die hier durch die beiden Brote symbolisiert wird (Juden und Nichtjuden).[1] In den beiden Broten ist Sauerteig, weil es in der Gemeinde Sünde gibt (3Mo 2,11). Die Gemeinde wird nicht *»heilig und tadellos«* (Eph 5,27) sein, bis sie den Herrn in Herrlichkeit sieht.

Das Fest dauerte nur einen Tag – ein Tag, an dem das Volk nicht arbeiten, sondern sich vor dem Herrn freuen und ihm ein Opfer darbringen sollte, das der Ernte, die er ihnen geschenkt hatte, angemessen war (5Mo 16,9-12). Dieses Ereignis war wohl der Abschluss der Weizenernte, und den Juden war befohlen, an die Armen zu denken, während sie das Korn ernteten, das Gott ihnen großzügig geschenkt hatte (3Mo 23,22; siehe 5Mo 24,19-22). Aufgrund dieses Befehls war Rut in der Lage, die Ähren auf dem Felde des Boas nachzulesen (Rut 2). Als Folge davon heiratete sie Boas, und schließlich wurde David geboren (Rut 4).

Zusammen mit den Schwingopferbroten wurden dem Herrn dreizehn verschiedene Tieropfer dargebracht: sieben Lämmer, ein Jungstier und zwei Widder für ein Brandopfer (Hingabe); ein junger Ziegenbock als Sündopfer (Sühne) und zwei Lämmer als Heilsopfer (Versöhnung, Gemeinschaft). Erst als Jesus Christus gestorben, von den Toten auferweckt worden und in den Himmel zurückgekehrt war, konnte der Heilige Geist auf die Erde kommen, um zu wirken. Alle diese Opfer wurden in seinem einen Opfer am Kreuz erfüllt (Hebr 10,1-18).

In dieser Welt können Gläubige ohne das Wirken des Heiligen Geistes nicht wirklich tätig sein. Es ist der Geist, der Gläubige in den Leib Christi hineintauft (Apg 1,5; 1Kor 12,13) und sie für den Dienst und das Zeugnis bereit macht (Apg 1,8; 4,8.31), indem er sie befähigt, um der Herrlichkeit Gottes willen Verfolgung und Leiden zu erdulden.

Zwischen dem Pfingstfest und dem nächsten Fest gibt es in Gottes Kalender eine viermonatige Lücke. Diese Lücke mag das Zeitalter darstellen, in welchem wir uns jetzt befinden, das Zeitalter der Gemeinde, in dem wir hingebungsvoll mit der Ernte beschäftigt sein (Mt 9,36-38) und sehnsüchtig auf den Schall der Posaune warten sollten (1Kor 15,51-58; 1Thes 4,13-18).

6. Trompeten: der Ruf an Gottes Volk (3Mo 23,23-25)

Die abschließenden drei Feste wurden im siebten Monat gefeiert, der in die Zeit des heutigen Septembers/Oktobers fiel. Die Zahl sieben ist in diesem Kalender und in Gottes Plan für Israel wichtig (Dan 9,20-27). Es gibt sieben Feste, davon drei im siebten Monat. Der Sabbat ist der siebte Tag der Woche. Pfingsten folgt fünfzig Wochen nach dem Erstlingsfest (sieben Mal Sieben plus Eins). Das Fest der ungesäuerten Brote und das Fest der Laubhütten dauerten je sieben Tage.

Das hebräische Wort für »sieben« stammt von einem Wort ab, das »voll sein«, »zufrieden sein« bedeutet. Es ist außerdem mit dem Wort für »schwören«, »einen Eid ablegen« verwandt. Immer, wenn der Herr die Zahl Sieben oder das Siebenfache einer Zahl verwendet, erinnert er sein Volk daran, dass alles, was er sagt und tut, vollkommen und zuverlässig ist. Nichts kann ihm hinzugefügt werden.

Laut 4. Mose 10,1-10 blies der Priester die silbernen Trompeten aus drei Gründen: um das Volk zusammenzurufen, um Krieg zu verkünden und um besondere Zeitpunkte bekannt zu geben, wie etwa Neumond. Das Fest des Hornblasens fand am ersten Tag des siebten Monats statt und leitete das neue Jahr ein (Rosch Ha-Schanah, der »Kopf des Jahres«). Die Opfer für das Fest des Hornblasens werden in 4. Mose 29,1-6 aufgezählt.

Der schottische Prediger Alexander Whyte sagte einst, dass »das siegreiche christliche Leben aus einer Reihe von Neuanfängen besteht«. Gott schenkt den Seinen Gelegenheiten zum Neuanfang, und wir handeln unklug, wenn wir sie nicht nutzen. Im Gegensatz zu unseren modernen Neujahrstraditionen nutzten die Juden den ersten Tag des neuen Jahres zum Gebet, zur Betrachtung und zum Sündenbekenntnis. Sie trachteten nach einem Neuanfang mit dem Herrn.

Dieses Fest beinhaltet auch eine prophetische Botschaft. Wegen seines Unglaubens und seiner Ablehnung Christi wurde das Volk Israel zerstreut (3Mo 26,27-33; 5Mo 28,58-67), doch am Ende aller Tage wird Gott es wieder in seinem Land versammeln (Jes 11,1-12; 27,12-13; Mt 24,29-31). Als Israel am 14. Mai 1948 in die Gemeinschaft der Nationen hineingeboren wurde, erinnerte es die Welt an Gottes uralte Versprechen, und unter den Orthodoxen wurde der Ausspruch »Nächstes Jahr in Jerusalem!« zu mehr als einem Passahgruß.

Die grundsätzliche Interpretation dieses Festes bezieht sich auf Israel, aber wir können auch einen Bezug zur Gemeinde herstellen. Manche Heilige sind im Himmel und manche sind auf der Erde, und jene auf Erden leben unter vielen Stämmen und Nationen verstreut. Doch wir alle sollten erwartungsvoll auf den Schall der Posaune und unsere *»Vereinigung mit ihm«* (2Thes 2,1) warten.

7. Der Versöhnungstag: Vergebung (3Mo 23,26-32)

Wir haben uns bereits im Zuge unseres Studiums von 3. Mose 16 in Kapitel 6 mit diesem wichtigen Ereignis beschäftigt. Achten Sie hier auf die Betonung der Menschen, die ihre Seelen vor Gott demütigen (Fasten, Beten, Bekennen der Sünde) und sich von aller Arbeit fernhalten. *»Nicht aus Werken, die, in Gerechtigkeit ›vollbracht‹, wir getan hätten, sondern nach seiner Barmherzigkeit errettete er uns«* (Tit 3,5).

Wie wir in Kapitel 6 bemerkt haben, gibt es auch eine prophetische Botschaft in Bezug auf den Versöhnungstag. Nachdem Israel in sein Land versammelt worden ist, werden die Juden ihren abgelehnten Messias sehen, ihre Sünden bereuen (Sach 12,10–13,1) und gereinigt werden. Die zerstreute Nation wird gesammelt und die sündige Nation wird gereinigt werden. Welch ein herrlicher Tag wird das sein!

8. Das Fest der Laubhütten: die Freude des Herrn (3Mo 23,33-44)

Die Nation Israel ist nicht nur ein verstreutes und sündiges Volk,[2] sondern auch ein leidendes Volk. Keine Nation der Weltgeschichte hat so sehr gelitten wie die Juden, aber eines Tages werden ihre Leiden in Herrlichkeit und Freude verwandelt werden.

Das Fest der Laubhütten erinnerte Israel an Gottes Segnungen in der Vergangenheit (V. 42-43). Er hatte sie aus der ägyptischen Sklaverei geführt, sich in der Wüste um sie gekümmert und sie in ihr versprochenes Erbe geführt. Einst hatten sie in Hütten und Zelten gelebt, aber in Kanaan würden sie in Häusern leben!

Dieses Fest wurde auch das »Fest des Einsammelns« genannt, weil es in Bezug stand zum Abschluss der Ernte (V. 39). Wie der Thanksgiving-Tag in den Vereinigten Staaten war es eine Zeit des festlichen gemeinsamen Essens, der Freude und der Danksagung an den Herrn für seine reichen Gaben (5Mo 16,13-15). Wir müssen uns jedoch in Erinnerung rufen, dass *Freude stets auf Reinigung folgt* und dass diesem Fest der Versöhnungstag voranging (siehe Ps 51,12). Menschen, die Freude ohne Heiligkeit wollen, werden zwangsläufig eine Enttäuschung erleben.

Während der Festwoche folgten die Priester bezüglich der Darbringung der Opfer einem komplizierten Plan (4Mo 29), und bis zum achten Tag hatten sie 199 Tiere geopfert! Dies war sicherlich eine Erinnerung daran, dass es keinen Segen geben kann ohne die Gnade Gottes und das Opfer seines Sohnes für uns am Kreuz.

Das Fest der Laubhütten ist ein Bild für das künftige Königreich, das Gott für das Volk Israel vorbereitet hat, wenn sein Messias zurückkehrt und es ihn annimmt (Sach 12,10–13,1; siehe Jes 35; Lk 1,67-80). Der Prophet Sacharja beschrieb die kommenden Veränderungen der Topographie des Heiligen Landes und wie die nichtjüdischen Nationen das Fest der Laubhütten gemeinsam mit den Juden feiern werden (Sach 14,16-19).

Das Beste liegt noch vor Israel! Das verstreute Volk wird versammelt werden; das sündige Volk wird gereinigt werden; das trauernde Volk wird frohlocken. Und für gläubige Christen kommt das Beste ebenfalls erst noch, denn wir werden mit dem Herrn und seinem Volk zusammen sein, jeder einzelne Fleck wird von uns abgewaschen sein und wir werden in Gottes Gegenwart frohlocken.

Es ist bemerkenswert, dass die Juden ihrer Feier des Festes der Laubhütten zwei besondere Zeremonien als Erinnerung an Gottes Segnungen in der Wüste hinzufügten. Die Erste war das Ausgießen von Wasser aus dem Teich Siloah, was daran erinnert, dass Gott in der Wüste Wasser bereithielt; die Zweite war die Aufstellung von vier großen entzündeten Leuchtern als Erinnerung an die Feuersäule, die das Volk bei Nacht geführt hatte.

Jesus bezog diese beiden Traditionen auf sich selbst. Als das Wasser während des Festes der Laubhütten ausgegossen wurde, rief er aus: *»Wenn jemand dürstet, so komme er zu mir und trinke!«* (Joh 7,37). Und außerdem sagte er zu der Menschenmenge im Tempel: *»Ich bin das Licht der Welt«* (Joh 8,12). Welch eine Tragödie, dass die Juden darauf achteten, ihre Traditionen zu erhalten, und dabei vollständig den Messias übersahen, der sich unter ihnen aufhielt!

Jedes Jahr mussten die erwachsenen Männer der Nation vor Gott erscheinen, um drei bestimmte Feste zu feiern: Passah und das Fest der ungesäuerten Brote, das Fest der Erstlinge und das Fest der Laubhütten (2Mo 23,14-19). Diese drei Feste erinnern uns an den Tod und die Auferstehung Christi sowie an seine Wiederkehr, um das Königreich aufzurichten. Christus starb für unsere Sünden; Christus lebt; Christus kommt wieder! Halleluja, welch ein Heiland!

ZEHN

3. Mose 24

Heilig, heilig, heilig

Der wichtigste Aufbau im Lager Israels war das Zelt der Begegnung, das Heiligtum, in dem Gott Wohnung genommen hatte und wo die Priester und Leviten ihm dienten. Die äußere Abdeckung aus Dachshäuten sah nicht sehr beeindruckend aus, aber das Innere des Zeltes war wunderschön, kostbar und herrlich. Durch das Zelt der Begegnung wurde das Lager heilig und für Gott hervorgehoben, gerade wie die Gegenwart des Heiligen Geistes in Gläubigen sie aus der Welt hervorhebt und ganz zu Gott gehören lässt (1Kor 6,19-20; 2Kor 6,14-18; Eph 1,13-14).

In diesem Kapitel gab der Herr Mose Anweisungen in Bezug auf drei heilige Dinge: das heilige Öl für den Leuchter (3Mo 24,1-4), die heiligen Brote für den Tisch (V. 5-9) und den heiligen Namen des Herrn, den das ganze Volk ehren sollte (V. 10-23).

1. Das heilige Öl (3Mo 24,1-4)

Der Vorhang trennte das eigentliche Zelt der Begegnung in zwei Teile, das Heilige und das Allerheiligste. Im Heiligen bestand die Ausstattung aus drei Gegenständen: dem goldenen Räucheraltar, dem Tisch mit den Schaubroten und dem goldenen Leuchter. Wenn der Priester auf den Räucheraltar blickte, befand sich der Tisch zu seiner Rechten und der Leuchter zu seiner Linken.

Da das Zelt der Begegnung keine Fenster hatte, benötigte man im Heiligen Licht, damit die Priester ihren Dienst verrichten konnten. Dieses Licht spendete der goldene Leuchter. Er bestand aus getriebenem reinem Gold und war in einem Stück als Fußgestell mit Schaftröhre und sechs Armen gearbeitet. Die darauf sitzenden Lampen wurden mit reinem Olivenöl genährt (siehe 2Mo 25,31-39; 27,20-21; 30,7-8; 37,17-24; 40,24-25).

Während der Hohepriester jeden Morgen und jeden Abend auf dem goldenen Altar Räucherwerk verbrannte, hatte er sich um die Lampen auf dem Leuchter zu kümmern und dafür zu sorgen, dass sie weiterbrennen konnten.[1] Besondere goldene Gerätschaften standen zur Verfügung, um die Dochte aus dem Öl zu ziehen und zurechtzuschneiden.

Der Befehl in 3. Mose 24,1-4 betonte zwei wesentliche Dinge: (1) Das Volk Israel musste regelmäßig für das Olivenöl sorgen, und (2) es musste aus zerstoßenen Oliven hergestellt und rein sein (2Mo 27,20-21). Es gab eine Methode, um Olivenöl durch Hitze zu gewinnen, doch das Zerstoßen der Oliven und das Aussieben der Unreinheiten ergab das beste Olivenöl. Und der Gott Israels verdient das Allerbeste.

Gelehrte stimmen allgemein überein, dass Öl *zum Salben* ein Symbol für den Heiligen Geist Gottes ist, der die Gläubigen zum Dienst salbt (2Kor 1,21; 1Jo 2,27), doch dieses besondere Öl ist nicht zum Salben gedacht, sondern *zum Brennen*. Sacharja 4,1-6 verbindet Öl zum Brennen mit dem Heiligen Geist und identifiziert diesen Leuchter als die beiden treuen Diener Gottes. Was symbolisiert der Leuchter im Zelt der Begegnung?

Ich persönlich glaube, dass der goldene Leuchter in erster Linie das Wort Gottes darstellt, das Licht, das Gott uns in dieser dunklen Welt geschenkt hat (Ps 119,105.130; 2Petr 1,19). Die Unbekehrten können das Licht des Wortes Gottes weder sehen noch verstehen, weil ihnen der Heilige Geist fehlt (1Kor 2,9-16). Außerhalb des Heiligen konnte niemand das Licht des goldenen Leuchters sehen, aber diejenigen, die sich im Inneren befanden, genossen es.

Ohne das Licht des Wortes können Gottes Diener nicht erkennen, wo sie sind oder was sie tun und können Gott daher auch nicht wirkungsvoll dienen. Der Leuchter schenkte Licht, damit der Priester das Räucherwerk auf dem goldenen Altar verbrennen konnte, und ohne die Schrift können wir nicht wirkungsvoll beten (Ps 141,1-2; Joh 15,5; Apg 6,4). Das Licht des Leuchters beleuchtete die wunderschönen Behänge im Heiligen und auch das Brot auf dem goldenen Tisch. Das erleuchtende Wirken des Geistes Gottes macht Gottes Dinge für uns real und deutlich.

Ich nehme an, dass der Leuchter ebenfalls ein Symbol für die Nation Israel sein mochte wie auch die zwölf Brotlaibe auf dem goldenen Tisch, die wir als Nächstes studieren werden. Gott berief Israel dazu, ein leuchtendes Licht in einer sehr dunklen Welt zu sein. Aber die Israeliten mussten zuerst in seiner Gegenwart leuchten, bevor sie vor ihren heidnischen Nachbarn Zeugnis ablegen konnten (siehe Jes 58,8; 60,1-3). Tragischerweise wurde die Priesterschaft gottlos und konnte das Licht der Nation nicht länger vor dem Herrn erhalten (1Sam 3).

Natürlich ist Jesus das Licht (Lk 2,32; Joh 1,4.9; 8,12; 9,5) und nur durch ihn können wir geistliche Dinge sehen und schätzen. Der Apostel Johannes verglich Gemeinden mit einzelnen goldenen Leuchtern, die scheinen und in ihren Städten Zeugnis ablegen sollen (Offb 1,12.20; siehe Mt 5,16; Eph 5,8; Phil 2,15).

Wenn das Volk Israel nicht das zerstoßene Olivenöl gebracht hätte, hätten die Lampen im Heiligen nicht am Brennen gehalten werden können. Das Volk hätte sagen können: »Wir können den Leuchter ja sowieso nicht sehen, ist es da nicht eigentlich egal?« Der Leuchter war nicht da, damit das Volk ihn sehen konnte, sondern damit Gott ihn sehen und der Priester ihn nutzen konnte, während er seinen Dienst versah. *Was in der Gegenwart Gottes geschah, war weitaus wichtiger als alles andere, was im Lager geschah!* So traurig es klingt, aber das Licht so mancher Gemeinde ist vor Gott und der Welt wegen der Untreue ihrer Gemeindeglieder erloschen. Sie ließen es an Gebeten und Spenden fehlen und erlaubten dem Heiligen Geist nicht, sie zu benutzen. Wenn das Licht am Brennen gehalten werden soll, muss jemand das Öl zur Verfügung stellen.

2. Die heiligen Brote (3Mo 24,5-9)

Das Volk sollte nicht nur das reine Olivenöl für die Lampen bringen, sondern auch Weizengrieß, aus dem jede Woche zwölf Brote gebacken wurden. Diese wurden an jedem Sabbat auf den goldenen Tisch gelegt, und das alte Brot bekamen dann die Priester zum Essen.

Die Größe dieser Brotlaibe bleibt für uns ein Geheimnis, weil der Text nicht das im Rezept benutzte Maß angibt. Im hebräischen Text steht ganz einfach *»von zwei Zehnteln«* soll es sein, aber zwei Zehntel von was? Viele Bibeln übersetzen hier *»von zwei zehntel* ›Efa‹«, was etwa drei Kilo Mehl wäre, aber das Wort »Efa« steht nicht im hebräischen Text. So viel Mehl würde einen sehr großen Laib ergeben, und es ist zu bezweifeln, dass zwölf solch große Brotlaibe auf dem Tisch Platz gefunden hätten. Es ist wahrscheinlich, dass die Laibe zu zwei Stößen mit je sechs Laiben aufeinander gestapelt waren und sich auf jedem Stapel ein kleiner Behälter mit Weihrauch befand.

Diese Laibe wurden mitsamt dem Weihrauch wie ein »Speisopfer« behandelt (2,1-11). Wenn die Laibe am Sabbat durch frische ersetzt wurden, nahm der Priester eine »Gedenkportion« eines Laibes, fügte den Weihrauch hinzu und verbrannte dies auf dem Altar mit dem täglichen Brandopfer. Dann konnten die Priester die alten Laibe essen, aber sie mussten es im Heiligen tun (24,9).

Was wurde dadurch symbolisiert? Nur die Priester (der Stamm Levi) durften in das Heilige, aber die anderen Stämme waren dort auf doppelte Weise *dargestellt*: durch die Juwelen auf den Gewändern des Hohenpriesters (2Mo 28,6-21) und die zwölf Laibe auf dem Tisch. Diese Brote lagen vor Gottes Angesicht (2Mo 25,30), in seiner Gegenwart. Gott war bei seinem Volk gegenwärtig und sie waren in seiner Gegenwart im Zelt der Begegnung. Egal, wo sich die Juden innerhalb des Lagers befanden, sie mussten sich bewusst machen, dass ihr Stamm auf dem goldenen Tisch im Heiligen verkörpert war. Die entsprechende Stelle im Neuen Testament wäre Kolosser 3,1ff.

Aus der Sicht des Priesters wurde er durch die Schaubrote daran erinnert, dass er realen Menschen diente. Da sie tagaus, tagein gewissermaßen im Bereich des Zeltes der Begegnung isoliert waren, konnten sie leicht den Bezug zu den Menschen verlieren, die sie vor Gott vertraten. Das Öl, das von den Menschen kam, hielt den Leuchter am Brennen, der den Priestern Licht spendete, und das Brot, das sie an jedem Sabbat aßen, war aus Mehl gemacht, das die Menschen gegeben hatten. Die zwölf Brotlaibe erinnerten die Priester daran, dass alle Stämme vor Gott verkörpert waren und Gottes Menschen waren. Dies alles sollte wohl dazu dienen, dass die Priester den Stämmen mehr Wertschätzung entgegenbrachten und sich mehr darum bemühten, ihnen nach bestem Können zu dienen.

Wenn es nur einen Laib gegeben hätte, hätte man ihn als ein Bild für Jesus Christus sehen können, der das Brot des Lebens ist (Joh 6,35), doch bei dem Bild in Johannes 6 ist das Manna gemeint und nicht die Brote im Zelt der Begegnung. Dazu fällt einem Matthäus 6,11 ein: »*Unser tägliches Brot gib uns heute.*« Ob wir geistliches Brot für den inneren Menschen oder reales Brot für den Körper brauchen – wir müssen einzig auf Gott schauen.

Wir erwarten, Öl und Weihrauch im Heiligen vorzufinden, aber kein Brot. Immerhin ist Brot ein gewöhnliches Nahrungsmittel. Doch das Vorhandensein von Brot im Zelt der Begegnung macht uns gewiss, dass Gott sich mit den praktischen Dingen unseres Lebens befasst und dass es im christlichen Leben keine Trennung zwischen »weltlichen« und »geistlichen« Dingen gibt. Es war dieses »Schaubrot«, das David und seine Männer aßen, als David vor Saul floh (1Sam 21,1-6; siehe Mt 12,1-4).

3. Der heilige Name Gottes (3Mo 24,10-23)

Es mag uns merkwürdig erscheinen, dass 3. Mose an dieser Stelle unterbrochen wird durch eine Erzählung von einem Gotteslästerer, der gerichtet wurde, aber die Geschichte ist keine Unterbrechung, sondern ein Bild. Die Grundlage für Gehorsam gegenüber dem Gesetz ist die Furcht des Herrn, und Menschen, die seinen heiligen Namen lästern, haben keine Gottesfurcht in ihren Herzen.

Gottes Namen beleidigen (V. 10-11). Jeder Jude kannte das dritte Gebot: »*Du sollst den Namen des HERRN, deines Gottes, nicht zu Nichtigem aussprechen, denn der HERR wird den nicht ungestraft lassen, der seinen Namen zu Nichtigem ausspricht*« (2Mo 20,7). So sehr fürchteten die Juden dieses Gesetz zu brechen, dass sie den Namen »Jahwe« durch »Adonai« ersetzten, wenn sie aus der Schrift lasen, und dadurch das Aussprechen von Gottes Namen ganz vermieden. Einen Namen zu achten, bedeutet, die Person zu achten, die diesen Namen trägt, und unsere höchste Achtung gebührt dem Herrn.

Der Gotteslästerer war das Ergebnis einer Mischehe zwischen einem ägyptischen Vater und einer jüdischen Mutter aus dem Stamme Dan.

Da der Vater nicht als anwesend genannt wird, fragen wir uns, ob er in Ägypten zurückgeblieben war, als die Mutter ihren Sohn nahm und flüchtete, oder ob er vielleicht verstorben war. Soviel ist sicher: Dem Jungen wurde in seiner Kindheit nicht die angemessene Achtung für den Herrn und seinen Namen beigebracht. Schon in Moses Tagen führten Heiraten zwischen Gläubigen und Ungläubigen zu Problemen für die Menschen Gottes.[2] Mose musste mit dem schlechten Einfluss von *»viel Mischvolk«* kämpfen, das Ägypten mit dem Exodus verließ, aber eigentlich kein Herz für die Dinge des Herrn hatte (2Mo 12,38; 4Mo 11,4; siehe Neh 13,23-31).

Dieser ägyptische Jude geriet also in einen Streit mit einem Juden im Lager (siehe 2Mo 2,11-15), und während dieses Streits lästerte er den Namen Gottes. Vielleicht verfluchte er seinen Gegner im Namen Jahwes, oder vielleicht verfluchte er ganz einfach den Namen des Herrn. Was in unseren Herzen ist, wird schließlich über unsere Lippen kommen (Mt 12,34-35).

Natürlich ist es möglich, Gottes Namen auch auf andere Weise als durch Fluchen zu lästern. Meineid entweiht Gottes Namen (3Mo 19,12), und ebenso ist es mit Stehlen (Spr 30,8-9). Jesus lehrte, dass unser Leben so rein sein sollte, dass wir keine Eide oder Schwüre brauchen, damit andere Menschen uns glauben (Mt 5,33-37). Eine Menge Worte können ein Hinweis darauf sein, dass die Sünde gegenwärtig ist (Spr 10,19).

Gottes Willen herausfinden (V. 12-16). Wenn ein Jude die schreckliche Sünde der Gotteslästerung begangen hätte, hätte Mose gewusst, was zu tun war. Doch dieser Mann war halb Jude und halb Ägypter, und dazu stand nichts im Gesetz. Mose ging die Sache weise an, indem er den Mann in Gewahrsam nahm und darauf wartete, dass Gott ihm mitteilte, was er tun sollte.

Dies ist die erste von vier überlieferten Gelegenheiten, bei denen Mose den Herrn wegen besonderer Probleme um seine Meinung bat. Der zweite Anlass hatte mit einigen Männern zu tun, die durch eine Leiche befleckt worden waren und das Passah nicht feiern konnten. Der Herr erlaubte ihnen, es im nächsten Monat zu feiern (4Mo 9,6-14). Der dritte Vorfall betraf einen Mann, der den Sabbat gebrochen hatte (15,32-26), und er wurde zu Tode gesteinigt. Das vierte Vorkommnis betraf das Erbe der fünf Töchter des Zelofhad, deren Frage es jüdischen Frauen erst ermöglichte, das Land ihres Vaters zu erben (27,1-11; 36,1ff.). Beachten Sie bitte, dass in dem letzten Fall eine Entscheidung zu einer weiteren führte, was oft der Fall ist, wenn man den Willen Gottes zu erkennen versucht.

Mose war demütig genug, um zuzugeben, dass er nicht alles wusste und den Herrn fragen musste, was er tun sollte. Dies ist ein gutes Beispiel, dem jeder Gemeindeleiter heute folgen sollten. *»Er leitet die Sanftmütigen im Recht und lehrt die Sanftmütigen seinen Weg«* (Ps 25,9). Gott hatte den Israeliten alle Gesetze gegeben, die sie brauchten, um ihr religiöses und bürgerliches Leben erfolgreich zu meistern, aber Mose und die Stammesführer mussten diese Gesetze auslegen und sie neuen Situationen anpassen. Wenn die Führer keine klaren Regeln oder Präzedenzfälle hatten, auf die sie zurückgreifen konnten, mussten sie um die Weisung des Herrn bitten, bevor sie eine korrekte Meinung abgeben konnten.

Unreife Christen möchten, dass der Herr ihnen Regeln und Vorschriften für jeden Bereich ihres Lebens vorgibt, und das erklärt ihre Unreife. Wenn wir niemals beten, in der Schrift suchen, uns mit anderen Gläubigen beraten und auf den Herrn warten müssen, werden wir auch niemals unsere »geistlichen Muskeln« gebrauchen und erwachsen werden. Die Bibel schenkt uns Regeln, Grundsätze, Versprechen und persönliche Beispiele, die uns in ihrer Summe hinreichend in den Entscheidungen des Lebens leiten. Ein Automobilclub bietet seinen Mitgliedern detaillierte Landkarten für deren Fahrten, aber die Bibel ist eher mit einem Kompass zu vergleichen, der uns die richtige Richtung vorgibt, ohne auf Einzelheiten der Reise einzugehen. *»Denn wir wandeln durch Glauben, nicht durch Schauen«* (2Kor 5,7).

Gott wies Mose an, was zu tun war. Der Täter musste vor das Lager gebracht werden, wo er von der gesamten Gemeinde gesteinigt wurde, denn Gotteslästerung war in Israel ein Kapitalverbrechen (Mt 26,65; Apg 6,11.13; 7,58). Jene, die die lästernden Worte des Mannes persönlich mitangehört hatten, legten ihre Hände auf seinen Kopf, um ihn öffentlich als Täter zu identifizieren. Diese Zeugen waren auch die Ersten, die ihn steinigten (5Mo 17,7). Anders gesagt: Das gleiche Gesetz, das für die Israeliten galt, galt auch für die ortsansässigen Fremdlinge, die unter den Juden lebten (3Mo 24,16.22). Auch die Fremden durften den Namen des Gottes Israels nicht lästern.

Gottes Absicht erkennen (V. 17-22). Der Herr wandte diese rechtliche Entscheidung auch auf andere Lebensbereiche an und legte den Grundsatz fest, dass *die Strafe dem Vergehen angemessen sein muss* (siehe 2Mo 21,22-25; 5Mo 19,21). Dies ist bekannt als *lex talionis*, »das Gesetz der Vergeltung«, welches sicherstellte, dass der schuldige Täter nicht härter bestraft wurde, als es der Tat angemessen war. Der Mörder war zu töten (3Mo 24,17.21; 1Mo 9,5-6), aber die Strafen für andere Verbrechen mussten dem Vergehen entsprechen.

Weil dieser Grundsatz häufig missverstanden worden ist, haben ihn viele Menschen als grausam und ungerecht bezeichnet. Sie haben die Frage aufgeworfen, wie ein Gott der Liebe und der Gnade ihn aufstellen konnte. Doch tatsächlich war dieses Gesetz ein Ausdruck von Gottes Gerechtigkeit und Mitleid, weil es mithalf, persönliche Rache in einer Gesellschaft, die keine Polizeimacht und kein entwickeltes Rechtssystem hatte, zu zügeln. Ohne dieses Gesetz hätten die Starken die Schwachen beim kleinsten Vergehen zermalmen können.

Die Pharisäer benutzten das *lex talionis*, um ihre Praxis der privaten Rache zu legitimieren, eine Praxis, die Jesus in der Bergpredigt (Mt 5,38-39) verurteilte. Ebenso wie das *lex talionis* ein Schritt weg von privater Rache war, ist Matthäus 5,38-39 ein riesiger Sprung weg von dem *lex talionis*. Dennoch müssen wir die Tatsache im Auge behalten, dass sich die Anweisungen in der Bergpredigt unseres Herrn an Gläubige statt an Ungläubige wandten und an Einzelne, nicht an Nationen. In unseren Gerichten wird auch heute noch der Grundsatz, dass »die Strafe dem Vergehen angemessen sein muss«, praktiziert.[3]

Gottes Recht sprechen (V. 23). Mose und das Volk verließen das Lager und befolgten den Befehl des Herrn. Heute würden sich viele anständige Leute, Gläubige ebenso wie Ungläubige, der Tötung des Täters widersetzen, doch die Bestrafung wurde durchgeführt. Es war ein Kapitalverbrechen, und der schuldig gewordene Mann hatte sein Leben verwirkt.

Es gibt viele und vielfältige Argumente für und gegen die Todesstrafe, aber wir müssen unsere persönlichen Meinungen und Überzeugungen nicht zum Prüfstand der Nachfolge oder Geistlichkeit erheben. Das Gesetz Moses unterschied zwischen Mord und Totschlag (2Mo

21,12-14) und bot sechs »Zufluchtsstädte«, wo ein Unschuldiger Schutz und ein faires Gerichtsverfahren finden konnte (4Mo 35). Diese Lösung durchkreuzte die Pläne zorniger Verwandter des Getöteten, die möglicherweise das Gesetz selbst in die Hand nehmen wollten.

In der Bibel wird Mord als ernstes Verbrechen angesehen. Menschen sind nach dem Bilde Gottes geschaffen (1Mo 1,26-27; 1Kor 11,7; Jak 3,9) und die Ermordung eines menschlichen Wesens bedeutet einen Angriff auf Gottes Bild (1Mo 9,4-6). Das Leben ist ein heiliges Geschenk Gottes, und nur Gott kann es nehmen oder dazu bevollmächtigen, es zu nehmen. Gott hat die menschliche Ordnung eingesetzt und staatlichen Autoritäten die Macht des Schwertes verliehen (Röm 13,1-5). Der Zweck der Todesstrafe besteht nicht darin, potentiellen Kriminellen zu drohen, damit sie abgeschreckt werden, sondern darin, das Gesetz aufrechtzuerhalten und zu verteidigen. Es ist eine Erklärung, dass Männer und Frauen etwas Besonderes sind – nach dem Bilde Gottes geschaffen – und dass das Leben in Gottes Augen heilig ist.[4]

Ob die Todesstrafe die Kriminalstatistiken beeinflusst oder nicht, ist hier nicht die zentrale Frage. Es ist zweifelhaft, ob überhaupt eines unserer Gesetze Verbrecher wirklich abschreckt. Rücksichtslose Autofahrer fahren weiterhin mit überhöhter Geschwindigkeit und parken weiterhin ihre Wagen in Halteverbotsbereichen, Arbeitnehmer schummeln weiterhin beim Ausfüllen ihrer Einkommenssteuererklärung und Einbrecher stehlen weiterhin. *Aber würde es sich einer von uns wünschen, dass unsere gesetzgebenden Körperschaften die Gesetze gegen Fahren mit überhöhter Geschwindigkeit, Falschparken, falsche Angaben in der Steuererklärung oder Stehlen aufheben?* Natürlich nicht! Die Achtung der Wahrheit, des Lebens und des Eigentums sind Ecksteine einer gerechten und friedlichen Gesellschaft. Die Todesstrafe mag die Zahl der verübten Morde ebenso wenig verringern wie Strafzettel die Zahl der Raser, aber sie verkündet, dass Menschen nach dem Bilde Gottes geschaffen sind und dass das Leben ein heiliges Geschenk ist.

Die Bibel bietet die Todesstrafe nicht als »Universalheilmittel« für Verbrechen an, sondern stellt sie als eine Form der Bestrafung dar, die Achtung für das Gesetz, das Leben und die Menschen zeigt, die nach dem Bilde Gottes geschaffen sind. Eine pragmatische oder gar sentimentale Annäherung an das Thema würde das Wesentliche verfehlen.

3. Mose 24 beginnt im Heiligen des Zeltes der Begegnung und endet außerhalb des Lagers. Es fängt an mit Öl und Brot und schließt mit dem Vergießen des Blutes eines Schuldigen. Aber der Schwerpunkt ist der Gleiche: Unser Gott ist ein heiliger Gott und wir müssen ihn ehren, indem wir ihm Gaben darbringen oder seinen Namen achten. Heutzutage richtet der Herr keine Gotteslästerer mehr hin, aber ein Tag des Gerichts wird kommen, an dem die Geheimnisse aller Herzen offenbar werden, und dann wird Gott *»einem jeden vergelten … nach seinen Werken«* (Röm 2,6).

»Denn es ist kein Ansehen der Person bei Gott« (Röm 2,11).

»Denn jeder, der den Namen des Herrn anrufen wird, wird errettet werden« (Röm 10,13).

ELF

3. Mose 25

Dieses Land gehört Gott

Der Schwerpunkt von 3. Mose 25 und 26 liegt auf *Israel in seinem Land.* Tatsächlich wird das Wort »Land« in diesen beiden Kapiteln etwa neununddreißig Mal verwendet. Die Feststellung des Herrn in Vers 2 (*»Wenn ihr in das Land kommt, das ich euch geben werde«*) muss für Mose eine große Ermutigung gewesen sein, besonders nachdem Israel es nicht schaffte, in Kadesch-Barnea sein Erbe zu beanspruchen, und durch die Wüste wandern musste (4Mo 13–14).

Wenn die Israeliten ihr Land besitzen und sich daran erfreuen wollten, mussten sie einige grundsätzliche Tatsachen erkennen und respektieren; die erste war, dass das Land Gott gehörte (3Mo 25,2.23.38) und er jedes Recht hatte, damit zu verfahren, wie es ihm angemessen erschien. Gott gehörte auch das Volk Israel (V. 55), denn er hatte es aus der ägyptischen Gefangenschaft erlöst. Weil sie ihm gehörten, sollten alle Juden einander wie Brüder und Schwestern behandeln (V. 25.35-38) und sich nicht in Bezug auf persönliche Schulden oder Besitzansprüche gegenseitig ausnutzen. Es wurde von den Juden erwartet, dass sie auf ihren Feldern schwer arbeiteten, aber es war *Gott, der den Ertrag schenkte* (V. 21) und sie mit Sonnenschein, Regen und Ernten versorgte. Anders formuliert, war Gott der »Landes-Herr« des Volkes Israel, und sie mussten durch Glauben an sein Wort leben. Dies bedeutete, dass sie seine Gebote befolgten und seinen Versprechen vertrauten.

Eine weitere wichtige Tatsache geht aus diesem Kapitel hervor: *Gott beherrschte den Kalender.* Gott gab seinem Volk nicht nur sein Land und sein Essen, sondern er schenkte ihm außerdem besondere »Zeiten«, die sie beachten mussten, damit das Land nicht verwüstet und ausgeplündert wurde. Gott sorgt sich um Ökologie und die Art und Weise, wie wir diese Schöpfung behandeln. Ebenso wie die Juden des Altertums sind auch wir heute lediglich Verwalter der Gaben Gottes; wir müssen vorsichtig darauf achten, dass wir sie nicht missbrauchen oder verschwenden.

Wenn die Israeliten diesen Grundsätzen gehorcht hätten, hätte ihr Wirtschaftssystem problemlos funktioniert, das Land hätte ihnen alles gegeben, was sie benötigten, und für jeden wäre angemessen gesorgt gewesen. Aber sie gehorchten dem Herrn nicht. Als Ergebnis davon wurden die Reichen noch reicher, die Armen noch ärmer und das Land wurde zugrunde gerichtet.

1. Ruhe für das Land: das Sabbatjahr (3Mo 25,1-7.18-22)

Als wir 3. Mose 23 studierten, stellten wir fest, dass sich der jüdische Kalender auf eine Siebener-Serie gründete. Es gab sieben jährliche Feste, von denen drei in den siebten Monat fielen, und der siebte Tag der Woche war der Sabbat, ein Tag der Ruhe. Nun lernen wir, dass das siebte Jahr ein Jahr der Ruhe für das Land, das Volk und seine Tiere sein sollte.

Während des Sabbatjahres sollten die Menschen die Felder weder bearbeiten noch organisiert abernten, sondern sich die Nahrung von den Feldern nehmen, wie sie dort von selbst wuchs. Das Volk, auch die Armen und Fremdlinge, konnten auf den Feldern sammeln und Gottes Gäste sein (2Mo 23,10-12).

Dadurch ruhte nicht nur das Land, sondern auch die Menschen und die Haustiere. Die Männer kümmerten sich gewiss um die Routineaufgaben, die die Gebäude vor dem Einsturz bewahrten, aber sie sollten sich nicht an den üblichen Aktivitäten einer bäuerlichen Gesellschaft beteiligen, wie zum Beispiel pflügen, säen und ernten. Dieses Verbot umfasste auch die Diener und die Tiere; ihnen allen wurde ein Jahr der Ruhe von ihren üblichen Pflichten geschenkt.

5. Mose 15,1-11 lehrt uns, dass während des Sabbatjahres auch persönliche Schulden erlassen und durch Vertrag gebundene Sklaven freigelassen wurden. Das Wort »Erlass« in 5. Mose 15,1 bedeutet »loslassen«, »fallen lassen«. Es umfasst den Erlass von Schulden und die Befreiung von Sklaven. Im Teilen mit den Armen und den befreiten Sklaven sollte das Volk großzügig und freigebig sein. Drei Motive soll-

ten das Tun der Menschen bestimmen: Dankbarkeit für Gottes Segnungen (3Mo 25,4.6.10.14), Dankbarkeit für Gottes Rettung der Nation aus Ägypten (5Mo 15,15) und schlichter Gehorsam gegenüber dem Befehl des Herrn (V. 5). Was Gott befahl, war zum Besten des ganzen Volkes und niemand hatte das Recht, ihm gegenüber ungehorsam zu sein. Während der Belagerung Jerusalems durch Nebukadnezar verkündete König Zedekia eine Freilassung aller Sklaven, doch später widerrief er sie wieder (Jer 34,8ff).

Das Sabbatjahr war auch die Gelegenheit für eine »Bibelkonferenz«, bei der die Priester dem ganzen Volk 5. Mose vorlasen und erklärten (5Mo 31,9-13). Dies geschah während des jährlichen Festes der Laubhütten, welches das neue Jahr einleitete. Die Menschen benötigten einen tiefen Glauben, um Gott die Sorge um ihr tägliches Essen anzuvertrauen. *»Also ist der Glaube aus der Verkündigung, die Verkündigung aber durch das Wort Christi«* (Röm 10,17). Während dieses besonderen Jahres lernte die Nation die Bedeutung von *»Unser tägliches Brot gib uns heute«*. Gott versprach, sie zu schützen und das ganze Jahr hindurch für sie zu sorgen, wenn sie ihm nur vertrauten und gehorchten (3Mo 25,18-22).

Wir haben keinen biblischen Nachweis dafür, dass die Juden jemals das Sabbatjahr gefeiert haben; tatsächlich weist die Bibel darauf hin, dass sie es nicht taten: *»Damit erfüllt würde das Wort des HERRN durch den Mund Jeremias, bis das Land seine Sabbate ersetzt bekam. All die Tage seiner Verwüstung hatte es Ruhe, bis siebzig Jahre voll waren«* (2Chr 36,21). Gott schickte Israel für siebzig Jahre ins babylonische Exil, um dem Land die Ruhe zu geben, die es brauchte (Jer 25,8-11; 29,10). Dies lässt darauf schließen, dass die Juden Gottes Gesetz in Bezug auf das Sabbatjahr fast fünfhundert Jahre lang nicht befolgt hatten.

Es ist ein Grundprinzip des Lebens, dass wir das, was wir Gott rauben, niemals selbst behalten und genießen können. In meinem Amt als Pastor sind mir Menschen begegnet, die Gott den Zehnten und Kollekten geraubt hatten, nur um schließlich Mehrkosten durch Arztrechnungen oder Autoreparaturen zu haben. Ich erinnere mich an ein Gemeindeglied, das sein Familienhaushaltsbuch zu mir brachte, um mir zu zeigen, wie Gott angefangen hatte, ihn zu segnen, nachdem er aufgehört hatte, den Herrn zu berauben. Seine Zahlen zeigten, *dass er jeden Dollar, den er dem Herrn nahm, für einen Notfall ausgeben musste und nie wirklich für sich ausgeben konnte.*

Indem sie das Gesetz des Sabbatjahres nicht befolgten, beraubten sich die Juden nicht nur der geistlichen Segnungen, sondern auch der Kraft des Landes, ihrer Diener und Haustiere. Indem sie das gleiche Land Jahr für Jahr bearbeiteten, erhielten sie zwar ihre Ernten, aber ihnen entging die Erholung durch das Brachliegenlassen des Landes und das Ausruhen der Arbeiter. Ihnen entgingen auch die Segnungen, die im Teilen mit den Bedürftigen liegen, und sie beraubten Gott der Herrlichkeit, die ihm eigen gewesen wäre, wenn die anderen Nationen gesehen hätten, wie sehr er sein Volk segnete. Es war ein kostspieliger Fehler ihrerseits, und sie mussten teuer dafür bezahlen.

2. Entlassung und Wiederherstellung: das Jobeljahr (3Mo 25,8-17.23-24)

Der Ausdruck »Jobel« wird in den Versen 8-17 fünf Mal verwendet und bedeutet wörtlich »das Horn blasen« (das hebräische Wort *yobel* bezeichnet das Horn eines Widders). Für das Volk Israel begann jedes neue Jahr mit dem Blasen der Hörner am ersten Tag des siebten Monats,[1] und zehn Tage später begingen die Menschen den Versöhnungstag mit Fasten, Buße und der Darbringung der verlangten Opfer. In jedem fünfzigsten Jahr jedoch wurden die Hörner nach der Feier des Versöhnungstages nochmals geblasen und verkündeten, dass das Jobeljahr begonnen hatte.

Die Menschen mussten sehr gläubig sein, um dieses besondere Jahr zu feiern, denn das vorangegangene Jahr, das neunundvierzigste, war ein Sabbatjahr gewesen, *in dem die Felder, Weinberge und Obstgärten nicht bearbeitet worden waren.* Die Juden mussten darauf vertrauen, dass Gott im neunundvierzigsten und im fünfzigsten Jahr für sie sorgen würde und darüber hinaus noch im einundfünfzigsten Jahr bis zur Ernte. Gott würde sie nicht im Stich lassen, aber ihr Glaube mochte sie verlassen. Tatsächlich gibt es keinen Hinweis darauf, dass die Nation Israel jemals das Jobeljahr gefeiert hat.

Welche Elemente gehörten zum Jobeljahr?

Bußfertigkeit (V. 9). Es ist bezeichnend, dass das Jobeljahr mit dem Versöhnungstag begann; einem Tag, an dem den Juden befohlen war, sich selbst zu demütigen und ihre Sünden zu bereuen (16,29-34). Sie durften das Jobeljahr erst beginnen, wenn sie vom Herrn Reinigung und Vergebung erhalten hatten. Wenn ihre Herzen nicht mit Gott im Reinen waren, konnten sie niemals ihre Sklaven freilassen oder das Land an die ursprünglichen Eigentümer zurückgeben. Unsere Beziehung zu Gott entscheidet darüber, wie wir mit unseren Mitmenschen umgehen.

Entlassung (V. 10.13). »Verkünde im ganzen Land allen seinen Bewohnern die Freiheit«, so lautet die Inschrift der »Liberty Bell« (Freiheitsglocke), die in der »Independence Hall« (Halle der Unabhängigkeit) in Philadelphia hängt. Am Beginn des Jobeljahres war den Menschen befohlen, ihre durch Vertrag gebundenen Sklaven freizulassen, damit diese auf ihren eigenen Landbesitz und zu ihren Familien zurückkehren konnten. Ein hebräischer Sklave sollte sechs Jahre lang dienen und dann freigelassen werden (2Mo 21,2). Wie konnten die Juden dieses besondere Jahr feiern, wenn Angehörige ihres Volkes versklavt und von ihrer Familie und ihrem Land getrennt waren?

Ruhe (V. 11-12). Während des Jobeljahres war es den Menschen verboten, ihren normalen bäuerlichen Tätigkeiten nachzugehen; stattdessen mussten sie von dem leben, was das Land hergab. Dies schenkte ihnen und dem Land ein zusätzliches Jahr der Ruhe, denn das vorangegangene Jahr war bereits ein Sabbatjahr gewesen. Sie mussten sich darauf verlassen, dass der Herr seine Versprechen hielt und genügend Nahrung für fast drei Jahre schenkte, da sie das Land erst im einundfünfzigsten Jahr wieder bearbeiten konnten, und auch dann mussten sie erst auf die neue Ernte warten.

Wiederherstellung (V. 13-17). Jeglicher Besitz, der seit dem letzten Jobeljahr verkauft worden war, fiel an seinen ursprünglichen Besitzer zurück, denn der Herr wollte, dass sein Land bei den Stämmen, Großfamilien und Familien blieb, denen er es zugeteilt hatte. Damit Eltern für ihre Familie sorgen konnten, mussten sie Land zum Bebauen haben, und außerdem stabilisierte Privateigentum die Wirtschaft. Der Herr war der Eigentümer des Landes und verlieh es nur an sein Volk. Er wollte, dass sie ein Gefühl für Besitztum und Verantwortung entwickelten, während sie sich um sein Land kümmerten. Die Menschen gehen normalerweise gut mit dem um, was ihnen gehört.

Wenn ein Stück Land verkauft wurde, entschied der zeitliche Abstand zum nächsten Jobeljahr über den Preis, denn davon hing ab, wie viel Ertrag der neue Besitzer daraus erwirtschaften konnte. Da der Käufer sehr wohl wusste, dass das Land schließlich an den ursprünglichen Besitzer zurückfallen würde, wollte er gewiss nicht mehr für das Land bezahlen, als er dadurch an Gewinn erzielen konnte. *»Das Land soll nicht endgültig verkauft werden«*, so lautete Gottes Gesetz (3Mo 25,23).

Diese Gesetze machten es skrupellosen Immobilienspekulanten unmöglich, ausgedehnten Landbesitz anzuhäufen und dadurch die Wirtschaft zu beeinflussen. Auch die ärmste jüdische Familie erhielt ihr Land zurück, und durch das Bebauen des Landes konnte sie sich genug Wohlstand erarbeiten, um ihre Bedürfnisse zu befriedigen und vielleicht darüber hinaus auch die Bedürfnisse von anderen. Das Jobeljahr schenkte den entlassenen Sklaven und den Landbesitzern einen Neuanfang, und dadurch blieben Armut und Ungleichheit minimal. Die Menschen durften sich nicht gegenseitig übervorteilen (V. 17), sondern sollten sich daran erinnern, dass das Land Gott gehörte und sie nur seine Verwalter waren (V. 23-24).

Der Prophet Jesaja sah das Jobeljahr als ein Bild für das versprochene messianische Königreich, wenn der Herr sein Volk freilässt, ihm wieder sein Land zurückgibt und es reich segnet (Jes 61,1-3). Jesus benutzte diesen Abschnitt aus Jesaja als Text für die Predigt, die er in der Synagoge von Nazareth hielt (Lk 4,16-30), und er wandte ihn auf *»ein angenehmes Jahr des Herrn«* an, das er durch seinen Tod und seine Auferstehung einleitete. Jesus beendete seine Lesung bei *»ein angenehmen Jahr des Herrn«* und las nicht den Teil über *»den Tag der Rache für unsern Gott«*. In Jesaja 61,2 ist dieses gegenwärtige *»angenehme Jahr«* von Gottes Gnade vom zukünftigen *»Tag der Rache«* lediglich durch das Wörtchen »und« getrennt! Gottes wunderbarer *»Tag des Heils«* (2Kor 6,2) hat so lange gedauert, weil Gott langmütig ist und möchte, dass Sünder zur Buße kommen (2Petr 3,9.15).

Wie die Bekanntmachung des Jobeljahres ist auch das Evangelium eine gute Nachricht für die Armen, denn ihre Schulden sind bezahlt und vollständig erlassen (Lk 7,36-50). Sie brauchen nur den Heiland zu empfangen und sich über einen Neuanfang zu freuen. Ebenso wie die Schuldner und die Sklaven befreit wurden, um das Jobeljahr zu genießen, werden Sünder befreit, wenn sie darauf vertrauen, dass der Herr sie rettet. Die Rettung durch Glauben an Jesus Christus ist eine »Jobel«-Erfahrung, denn sie stellt zerbrochene Familien und verlorene Besitztümer wieder her und schenkt *»Zeiten der Erquickung«* durch den Herrn (Apg 3,19-21).

3. Erlösung: der Löser des nächsten Verwandten (3Mo 25,25-55)

Wenn ein armer Jude gezwungen war, sich selbst oder seinen Besitz zu verkaufen, um zu überleben, musste er nicht auf das Jobeljahr warten, um seinen Besitz oder seine Freiheit zurückzuerhalten. Ein naher Verwandter, der gewillt und in der Lage war, den Preis zu bezahlen, konnte ihn oder sein Land jederzeit lösen.

Die Lösung von Land (V. 25-28). Wenn der frühere Besitzer des Landes zu arm war, um sein Land auszulösen, konnte ein naher Verwandter das für ihn tun. Wenn der frühere Besitzer jedoch auf irgendeine Weise zum notwendigen Wohlstand kam, konnte er es für sich selbst lösen. Der Preis hing natürlich von der Anzahl der Jahre (Ernten) bis zum Jobeljahr ab. Wenn der Mann weder einen willigen Verwandten noch das notwendige Geld hatte, musste er bis zum Jobeljahr warten, um seinen Besitz zurückzuerhalten.

Die Lösung von Häusern (V. 29-34). Ein Haus in einer von Mauern umgebenen Stadt war viel wertvoller als ein ungeschütztes Haus, denn es bot Schutz vor Eindringlingen. Der frühere Besitzer hatte nur ein Jahr Zeit, um das Haus auszulösen. Danach gehörte es dem neuen Besitzer und fiel auch nicht im Jobeljahr an den ursprünglichen Besitzer zurück. Immerhin wollte niemand ein teures Haus erwerben, mit seiner Familie hineinziehen und sich dann fragen, wie lange sie wohl gemeinsam dort leben würden!

Häuser in Dörfern, die nicht von Mauern umgeben waren, konnten jederzeit gelöst werden und fielen im Jobeljahr an den ursprünglichen Besitzer zurück. Wenn ein Levit sein Haus in einer der achtundvierzig

Städte der Leviten verkaufte (4Mo 35; Jos 21), konnte er es jederzeit lösen. Wenn er dies nicht tat, fiel das Haus im Jobeljahr wieder an ihn bzw. an seine Familie zurück. Den Leviten war kein Stammesland zugewiesen worden, weil der Herr ihr Erbteil war (Jos 13,14.33; 14,3-4; 18,7), aber ihnen war Weideland bei ihren Städten gegeben worden (4Mo 35,1-5). Dieses Land durfte nicht verkauft werden (siehe jedoch Apg 4,34-37).

Die Lösung der Armen (V. 35-55). Mose befasst sich mit drei möglichen Situationen.

Ein bankrotter Bruder, der verschuldet ist (V. 35-38) konnte von seinen jüdischen »Brüdern« erwarten, dass sie ihm mit einem zinsfreien Darlehen aushalfen;[2] denn die Juden sollten sich untereinander mitfühlend verhalten wie die Mitglieder einer Familie. Es war den Juden erlaubt, Nichtjuden Zinsen zu berechnen (5Mo 23,19-20). Da alle Schulden im Jobeljahr erlassen wurden, war finanzielle Hilfe wirklich ein Akt des Vertrauens. Der Herr war jedoch so gut zu Israel gewesen, indem er die Nation aus Ägypten erlöste, zuließ, dass sie die Ägypter vernichtete und ihr das Land Kanaan schenke, so dass kein Jude seinen Mitjuden ausbeuten wollte. *»Umsonst habt ihr empfangen, umsonst gebt!«* (Mt 10,8). Die frühe Gemeinde machte sich diesen Grundsatz schnell zu Eigen und setzte ihn in die Praxis um, indem sie Witwen und anderen bedürftigen Gläubigen halfen (Apg 2,44-47; 4,34–5,1; 6,1-7; siehe 5Mo 10,18; 24,17).

Ein armer Bruder, welcher der Sklave eines Juden wurde (V. 39-46), durfte erwarten, wie ein Knecht behandelt zu werden und nicht wie ein Sklave. Sein Herr hatte ihn und seine Familie freundlich zu behandeln, denn die Juden waren einst Sklaven in Ägypten gewesen, und der Herr hatte sie gnädig befreit. Wie konnte ein Jude einen Bruder versklaven, den der Herr befreit hatte? Ein jüdischer Sklave musste nur sechs Jahre dienen und konnte im Sabbatjahr frei ausziehen (2Mo 21,2), falls jedoch das Jobeljahr zuerst kam, war er ein freier Mann.

Es war den Juden erlaubt, Sklaven aus den nichtjüdischen Nationen zu besitzen, unter denen sie lebten, oder von den Fremden, die in ihrem Land lebten (3Mo 25,44-46), aber ein Jude konnte niemals einen anderen Juden versklaven. Sklaven wurden als das Eigentum ihres Besitzers angesehen und konnten Teil des Familienerbteils werden. Mit anderen Worten, nichtjüdische Sklaven durften nicht darauf hoffen, freigelassen zu werden, es sei denn, sie konnten den Kaufpreis aufbringen, oder ihr Herr entschied, sie freizulassen.

Während des amerikanischen Bürgerkrieges benutzten manche Amerikaner solche Bibelabschnitte als Beweis dafür, dass es biblisch und recht von den Leuten war, Sklaven zu besitzen und zu verkaufen. Aber es ist hier festzustellen, dass Gottes Gesetze die Sklaverei nicht *einführten*, sondern *regelten* und sie tatsächlich humaner machten. Die Sklaverei hatte es schon Jahrhunderte lang gegeben, bevor Mose das Gesetz verkündete, und das Gesetz Mose verbot den Juden, einander zu versklaven. Gott musste erst die Sklaverei in Israel ausrotten, bevor er sich um die Sklaverei unter den nichtjüdischen Nationen kümmern konnte. Hätten die Juden einander so behandelt, wie es das Gesetz verlangte, wäre Israel für die nichtjüdischen Nationen ein Zeugnis für die Gnade und Freundlichkeit des Herrn gewesen. Stattdessen war Israel ungehorsam und wurde letztendlich selbst versklavt, wie es im Buch der Richter niedergeschrieben ist.

Auch im Neuen Testament findet sich keine Stelle, in der Jesus oder Paulus die Sklaverei unverhüllt angreifen, obwohl wir von Historikern wissen, dass es in jenen Tagen im Römischen Reich wahrscheinlich sechzig Millionen Sklaven gab. Doch Jesus und Paulus brachten *Einzelpersonen* die Botschaft des Heils, und durch gerettete Einzelpersonen wurde die Einrichtung der Sklaverei schließlich abgeschafft. Christen sind das Salz der Erde und das Licht der Welt (Mt 5,13-16), und sie machen ihren Einfluss durch gutes Beispiel und Überzeugung geltend. Alexander Mclaren schrieb dazu: »(Die Evangeliumsbotschaft) mischt sich nicht in politische oder gesellschaftliche Gegebenheiten, sondern stellt Grundsätze auf, die diese Gegebenheiten nachdrücklich beeinflussen, und lässt sie in die allgemeine Meinung eindringen.«[3]

Wenn die frühe Gemeinde einen militanten Kreuzzug gegen die Sklaverei geführt hätte, hätte dies das Christentum als eine politische Bewegung gekennzeichnet, und dies wäre der Verbreitung des Evangeliums in der römischen Welt hinderlich gewesen. Da es in jenen Tagen keine Demokratien oder allgemeine Wahlen gab, hatte die Gemeinde kein Medium, um die Sklaverei zu zerstören. Wenn man bedenkt, wie schwierig es für die zeitgenössische Bürgerrechtsbewegung war, die christliche Gemeinde zu beeinflussen – wie viel schwieriger wäre es da erst gewesen, solch einen Krieg in den Tagen Cäsars zu führen!

Aus Gründen, die nur er kennt, zieht der Herr es vor, Volk und Gesellschaft schrittweise zu verändern, durch das Wirken des Heiligen Geistes und die Verkündigung der Wahrheit von Gottes Wort. Obwohl die Grundsätze von Gottes Willen ewig unverändert sind, haben wir nicht die Vollmacht, jene Gesetze auf die heutige Gesellschaft anzuwenden, die Israel zur Zeit des Erlasses von Moses Gesetz beherrschten.

Ein Jude, der von einem Nichtjuden versklavt wurde (V. 47-55), konnte von einem nahen Verwandten ausgelöst werden, der gewillt und wohlhabend genug war, um es zu tun. Es ist interessant, dass ein nichtjüdischer »ansässiger Fremder« im Lande Israel dem Gesetz Moses gehorchen musste, obwohl er kein Mitglied der jüdischen Bundesgemeinde war. Wenn der Jude in der Lage war, den Kaufpreis aufzubringen, konnte er seine Freiheit erkaufen; der Preis wurde nach dem Jobeljahr berechnet. Von dem nichtjüdischen Herrn wurde verlangt, dass er den jüdischen Sklaven wie einen Knecht behandelte und nicht grob zu ihm war. Wenn sie nicht ausgelöst wurden, wurde der Sklave mit seiner Familie im Jobeljahr freigelassen.

Das klassische Beispiel des Gesetzes des Lösers des nächsten Verwandten steht im Buch Rut, wo Boas Rut und auch ihr Erbteil löste und sie dann heiratete. Der Herr Jesus Christus nahm sündlose menschliche Gestalt an und wurde unser »nächster Verwandter« (siehe Hebr 2,5-18), damit er sich selbst als Lösepreis hingeben und uns befreien konnte. Nur er konnte tun, was getan werden musste, und er war gewillt, es zu tun. Er hat uns nicht nur erlöst, sondern uns auch einen Teil seines Erbteils gegeben und uns dazu gemacht!

Unglücklicherweise gehorchte das jüdische Volk nicht den Gesetzen, die in diesem Kapitel gegeben wurden, und sein Egoismus und seine Habsucht ruinierten das Land und sein Wirtschaftssystem. Die Propheten tadelten die Reichen dafür, dass sie die Armen ausbeuteten und ihre Häuser, ihr Land und sogar ihre Kinder stahlen (Jes 3,14-15; 10,1-3; Am 2,6-7; 5,11). Die örtlichen Gerichte ignorierten Gottes Gesetze; die Richter, die sich durch Bestechungsgelder bereicherten, trafen Entscheidungen, die die Wohlhabenden bevorzugten und die Armen erdrückten. Doch Gott hörte das Schreien der Armen und sprach eines Tages ein schreckliches Urteil über das Volk Israel.

Gott ist besorgt darum, wie wir die Gaben nutzen, die er uns geschenkt hat, und wie wir einander auf dem Marktplatz behandeln. Ökologie und Ökonomie sind ihm gleichermaßen wichtig, und am Ende richtet er diejenigen, die andere ausnutzen und auf eine Art und Weise behandeln, die weniger als menschlich ist (Am 1–2). Die Gemeinde Jesu Christi ist unter vielen unterschiedlichen politischen und wirtschaftlichen Systemen gediehen und ist von keinem abhängig, aber sie muss stets die Rechte der Armen und der Unterdrückten verfechten und jede geistliche Waffe nutzen, um die Unterdrücker zu besiegen.

»Eine anständige Fürsorge für die Armen ist der wahre Prüfstand der Zivilisation«, sagte der britische Schriftsteller Samuel Johnson.

»Den Wunsch der Sanftmütigen hast du gehört, HERR; du festigst ihr Herz, lässt aufmerken dein Ohr, um Recht zu schaffen der Waise und dem Unterdrückten, dass künftig kein Mensch von der Erde mehr zusammenschrecke« (Ps 10,17-18).

ZWÖLF

3. Mose 26–27

Das große Wort »wenn«

Das Wort »wenn« ist als eines der wichtigsten Wörter der Sprache bezeichnet worden. Darüber zu debattieren, wie sich die Weltgeschichte entwickelt hätte, *wenn* Wellington die Schlacht von Waterloo verloren hätte oder *wenn* Lee die Schlacht von Gettysburg gewonnen hätte, ist eine Übung in Sinnlosigkeit.

Wenn man die »Wenns« in 3. Mose 26–27 weglassen würde, wäre dies sinnentstellend, denn »wenn« wird etwa zweiunddreißig Mal benutzt. Die Geschichte Israels ist ohne die »Wenns«, die Teil von Gottes Bund sind, nicht vollständig zu verstehen. In Bezug auf die jüdische Geschichte ist »wenn« ein sehr großes Wort. Drei »Wenn«-Formulierungen in Kapitel 26 weisen uns auf die Wichtigkeit des Wortes hin: *»Wenn ihr in meinen Ordnungen lebt und meine Gebote haltet und sie tut«* (V. 3), *»wenn ihr mir aber nicht gehorcht«* (V. 14) und *»wenn alsdann ihr unbeschnittenes Herz sich demütigt«* (unrev. Elberf.). In unserer Beziehung zum Herrn ist »wenn« ein gewichtiges Wort.

Die Gesetze und Vorschriften, die Gott dem Volk Israel in 3. Mose 26 und 27 gab, veranschaulichen vier Pflichten, die jeder gläubige Christ dem Herrn gegenüber erfüllen muss.

1. Seinen Geboten gehorchen (3Mo 26,1-13)

In 3. Mose 26 bedeutet Gehorsam gegenüber Gott, in seinen Ordnungen zu leben und seine Gebote zu halten und sie zu tun (V. 3), aber ihm ungehorsam zu sein, bedeutet, sich ihm »entgegenzustellen« und seine Ordnungen zu verwerfen und seine Rechtsbestimmungen zu verabscheuen (V. 15.21.23-24.27-28.40-41). Das mit »entgegenstellen« (V. 21) übersetzte Wort bedeutet »ein feindseliges Zusammentreffen mit der Absicht zu kämpfen«.[1]

Wenn ich in die eine Richtung gehe und der Herr in die andere, entferne ich mich von seiner Gegenwart, *und Gott wird seine Richtung gewiss nicht ändern!* Wenn ich in meine Richtung weitergehe, werde ich ernsthafte Probleme bekommen, denn *»gehen etwa zwei miteinander, außer wenn sie zusammen gekommen sind?«* (Am 3,3). Mose gab seinem Volk vier großartige Gründe, dem Herrn gehorsam zu sein.

Aufgrund von Gottes Wesen (V. 1). Der Gott Israels, der Gott und Vater unseres Herrn Jesus Christus, ist der wahre und lebendige Gott und kein Götze, der von Menschenhand gemacht ist. Er erinnerte sie daran: *»Ich bin der HERR, euer Gott.«* Der Ausdruck HERR in Großbuchstaben bezeichnet Gott Jahwe, den großen ICH BIN, den durch sich selbst Bestehenden, der einen Bund mit Israel einging und zu dem die Juden sagten: *»Alles, was der HERR geredet hat, wollen wir tun!«* (siehe 2Mo 19,8).

A.W. Tozer erinnert uns: »Der Kern der Götzenverehrung besteht darin, über Gott Gedanken zu hegen, die seiner nicht würdig sind« (*The Knowledge of the Holy*, S. 11). Als die Juden die Anbetung Jahwes einstellten, um stattdessen Götzen anzubeten oder, was noch schlimmer ist, *sowohl* Jahwe *als auch* die Götzen anzubeten, wandten sie sich von der Realität ab, hin zur Illusion, ab von der Wahrheit und hin zur Täuschung; die Folgen waren verheerend. Trotz ihres Versprechens, dem Herrn zu gehorchen, brachen die Juden die ersten beiden Gebote, als sie sich zu Götzen hinwandten.

Aufgrund von Gottes Taten (V. 2a). Das Wort »Sabbate« (Plural) bezieht sich nicht nur auf den siebten Tag der Woche, sondern auf *alle* besonderen Tage des jüdischen Kalenders. Wir haben diesen Kalender in Kapitel 9 studiert und festgestellt, dass diese besonderen Tage die Juden an Gottes Güte ihnen gegenüber erinnerten. Passah erinnerte sie an Israels Rettung aus Ägypten, und das Fest der Laubhütten erinnerte sie an Gottes Fürsorge für sein Volk in der Wüste. Das Fest der Erstlinge der Ernte und Pfingsten waren »Erntefeste«, die von des Herrn Segnungen ihrer Feldarbeit erzählten, und das Laubhüttenfest war eine Zeit der Erntefreude über die Früchte, die Gott im Weinberg und im Obstgarten schenkte.

Sogar der wöchentliche Sabbat war eine Erinnerung daran, dass die Juden Gottes besonderes Volk waren, denn der Sabbattag war ein

Zeichen zwischen dem Herrn und Israel (2Mo 31,13). Wenn sie am siebten Tag ruhten, konnten die Juden dafür danken, dass sie dem wahren und lebendigen Gott gehörten, der Israel als seinen eigenen besonderen Schatz angenommen hatte. Sie konnten außerdem dafür dankbar sein, dass Gott sie für eine weitere Arbeitswoche gestärkt hatte. Ob sie auf die jüdische Geschichte seit dem Exodus zurückblickten oder auf Gottes Güte in der vergangenen Woche – die Juden hatten Gründe genug, Gott dankbar zu sein und seinen Gesetzen zu gehorchen.

Aufgrund des Ortes, an dem Gott wohnte (V. 2b). Der Gott Israels wohnte im Lager Israels! Die Juden hatten sein heiliges Zelt der Begegnung mitten im Lager, und die Wolke der Herrlichkeit hing darüber. Die Nationen, unter denen sie lebten, hatten von Menschen geschaffene Götter in ihren Tempeln, aber Israel hatte *den Gott, der sie erschaffen hatte*, in seiner Mitte. Wie konnten sie auch nur daran denken, ihm ungehorsam zu sein, wenn er ihnen so nahe war und sich dazu herabgelassen hatte, mit ihnen in ihrem Lager zu wohnen? Gott bewusst ungehorsam zu sein war nicht nur eine Verletzung seines heiligen Gesetzes, sondern auch eine Entweihung seines Heiligtums. Sündigen bedeutete, das Lager zu beflecken, was erklärt, warum unreine Leute aus dem Lager gewiesen wurden.

Die Anwendbarkeit auf gläubige Christen von heute ist offensichtlich. Unsere Körper sind das Heiligtum Gottes, und wir müssen sie umsichtig zu Gottes Herrlichkeit nutzen (1Kor 6,15-20). Der Heilige Geist Gottes lebt in uns, und wir sollen ihn nicht betrüben, indem wir seinen Tempel für gottlose Zwecke benutzen (Eph 4,30; siehe V. 17-32). Wenn ein Jude des Alten Testaments ein Schwein auf dem Altar geopfert oder menschliche Knochen im Hof des Zeltes der Begegnung verstreut hätte, hätte er sich der gröbsten Verletzungen von Gottes heiligem Gesetz schuldig gemacht. Christen, die sich verbotenen Sexualpraktiken hingeben oder ihre Phantasie mit bösen Gedanken beflecken, machen sich ebenso ernster Vergehen schuldig.

Aufgrund dessen, was Gott versprach (V. 3-13). Die Israeliten waren noch »Unmündige« im Glauben (Gal 4,1-7), und man erzieht Kinder hauptsächlich mittels Belohnungen und Strafen. Man kann Kindern keine Vorträge über Ethik halten und erwarten, dass sie sie verstehen, aber man kann ihnen versprechen, sie zu belohnen, wenn sie gehorchen und ihnen drohen, sie zu bestrafen, wenn sie ungehorsam sind. Dieser Ansatz beschützt sie davor, sich selbst weh zu tun und gibt ihnen Zeit, heranzuwachsen und besser zu verstehen, *warum* Gehorsam der Schlüssel zu einem glücklichen Leben ist. Kinder müssen schrittweise lernen, dass sowohl Anweisungen als auch Strafen Ausdruck von Liebe und zu ihrem Besten sind.

Später erläuterte Mose diesen Bund der Segnungen ausführlich (5Mo 28–30). Er war Gottes »Pacht« für das Volk und half ihnen, sich am Besitz des Landes, das er ihnen versprochen hatte, zu erfreuen und es zu behalten. Sie *besaßen* das Land aufgrund von Gottes Versprechen, die er Abraham gegeben hatte (1Mo 12,1-3; 13,14-17), aber sie konnten sich nur daran erfreuen, wenn sie die Gesetze befolgten, die Gott Mose gegeben hatte. Unglücklicherweise gehorchten sie dem Gesetz nicht, hörten auf, sich am Land zu erfreuen und wurden schließlich aus ihm hinweggeführt, um das babylonische Exil zu erleiden.

Als Kinder Gottes haben wir alles, was wir *»zum Leben und zur Gottseligkeit«* (2Petr 1,3) benötigen, denn wir besitzen nun *»jede geistliche Segnung in der Himmelswelt in Christus«* (Eph 1,3). Aber diese Segnungen zu besitzen, ist eine Sache; sich an ihnen zu erfreuen, ist etwas ganz anderes. Indem wir Gottes Versprechen vertrauen und seinen Geboten gehorchen, nähern wir uns unserem geistlichen Erbteil und sind in der Lage, ein erfolgreiches Leben zu führen und wirkungsvoll zu dienen. Wie die Nation Israel in Kanaan müssen wir Schlachten schlagen und Arbeit erledigen, aber wenn wir ein Gott gehorsames Leben führen, versetzt er uns in die Lage, den Feind zu überwinden, das Land zu beanspruchen und uns seiner Segnungen zu erfreuen.

Zunächst versprach Gott ihnen *Regengüsse und fruchtbare Ernten (3Mo 26,3-5.10)*. Als Nation von Bauern war Israel abhängig vom »Frühregen« im Frühjahr und vom »Spätregen« im Herbst, um Wasser für ihre Felder und ihre häuslichen Bedürfnisse zu haben. Einer der Gründe, warum sich die Israeliten zur Anbetung des Baal verführen ließen, bestand darin, dass Baal der Sturmgott der Kanaaniter war. Wenn die Juden Regen brauchten, wandten sie sich manchmal an Baal um Hilfe statt an Jahwe. Wenn Gott sein Volk züchtigen wollte, hielt er häufig den Regen zurück, wie er es auch in den Tagen Elias tat (1Kö 17–18).

Der Herr versprach ihnen außerdem *Frieden und Sicherheit in ihrem Land (3Mo 26,5-8)*. Sie konnten zu Bett gehen ohne Angst, dass böse Tiere oder Feinde in ihr Land einfielen. Falls der Feind trotzdem einfiel, würden ihn die jüdischen Heere bald wieder vertreiben, und jeder jüdische Soldat wäre so viel wert wie zwanzig bis hundert feindliche Soldaten! Die Sicherheit anderer Nationen hing von großen Heeren und dem Bestand an Pferden und Streitwagen ab, aber Israels Sieg kam durch den Glauben an den Herrn und Gehorsam gegenüber seinem Wort. *»Diese ›denken‹ an Wagen und jene an Rosse, wir aber denken an den Namen des HERRN, unseres Gottes«* (Ps 20,8).

Gott versprach, *ihre Bevölkerung zu mehren*, wenn Israel sein Gesetz befolgte (3Mo 26,9). Im Gegensatz zu manchen Zeitgenossen, die Babys abtreiben und über große Familien die Stirn runzeln, wollten die Juden viele Kinder und sahen große Familien als eine Segnung Gottes (1Mo 17,6; 5Mo 7,13-14; Ps 127–128). Kommende Generationen wurden benötigt, um die Wirtschaft am Laufen zu halten, um mitzuhelfen, die Großfamilien und Stämme zu erhalten und die Nation zu verteidigen. Eine dezimierte Bevölkerung war eine Strafe des Herrn.

Die Gegenwart des Herrn (3Mo 26,11-12) war die größte versprochene Segnung, weil jede weitere Segnung darauf aufbaut. Welche andere Nation hatte das Heiligtum des lebendigen Gottes in ihrer Mitte und ihren Gott in ihrer Mitte lebend (Röm 9,1-5)? Wie tragisch, dass Israels Ungehorsam den Tempel in eine Räuberhöhle verwandelte (Jer 7,11), was den Herrn zwang, den Tempel zu zerstören und sein Volk ins Exil zu schicken. Wenn wir das Gefühl für die Gegenwart Gottes verlieren und dafür, dass es ein Privileg ist, dem Herrn zu dienen, fangen wir an, sein Wort gering zu schätzen und seinen Geboten gegenüber ungehorsam zu sein.

In 3. Mose finden sich neun Stellen, an denen der Herr sein Volk daran erinnerte, dass er es aus Ägypten errettet hatte und ihm deshalb Gehorsam gebührte (3Mo 11,45; 19,36; 22,33; 23,43; 25,38.42.55; 26,13.45). In 5. Mose betonte Mose, dass die Liebe der Israeliten zum Herrn ihren Gehorsam aufgrund von allem motivieren sollte, was er für sie getan hatte.

Es muss hier darauf hingewiesen werden, dass dieser Bund des Segens nur für Israel galt und nicht auf die heutige Gemeinde übertragen werden kann. Gott segnet gewiss diejenigen, die ihm gehorchen, aber seine Segnung besteht nicht immer in Gesundheit, Wohlstand und Erfolg. Einige der größten Helden des Glaubens litten wegen ihres Gehorsams und erlebten niemals Wunder der Rettung oder Fürsorge durch den Herrn (Hebr 11,36-40). Millionen Christen durften in die Hände ihrer Feinde fallen und für ihren Glauben zum Märtyrer gemacht werden. Dieser Bund bezog sich nur auf die Israeliten in ihrem Land und war Gottes Art und Weise, sie Treue und Gehorsam zu lehren.

Manche der heutigen »Erfolgsprediger« beanspruchen gerne diese »Segnungen« des Bundes für die Gemeinde, aber sie ziehen es vor, die Strafen auf andere anzuwenden! Wenn dieser Bund auf Gottes Kinder heute anwendbar ist, sollten wir auch bestraft werden, wenn wir ihm gegenüber ungehorsam sind. Dennoch lehrt uns die Erfahrung, dass mehr als ein kompromissbereiter Gläubiger erfolgreich, gesund und wohlhabend ist, während viele von Gottes treuen Kindern Heimsuchungen und Schwierigkeiten durchleben (siehe Ps 73).

2. Sich seinen Züchtigungen unterwerfen (3Mo 26,14-39)

»Denn wen der Herr liebt, den züchtigt er; er schlägt aber jeden Sohn, den er aufnimmt« (Hebr 12,6; siehe Spr 3,11-12). Israels besondere Beziehung zu Jahwe brachte die Verpflichtung mit sich, seiner Stimme zu gehorchen und seinen Namen zu verherrlichen. *»Nur euch habe ich von allen Geschlechtern der Erde erkannt; darum werde ich an euch alle eure Sünden heimsuchen«* (Am 3,2). Privilegien bringen Pflichten mit sich, und keine Nation hat mehr geistliche Privilegien des Herrn genossen als die Nation Israel.

Sechs Perioden der Züchtigung werden beschrieben (3Mo 26,16-17.18-20.21-22.23-26.27-31 und 32-39), von denen die letzte die schwerste war. In den ersten fünf bestraft Jahwe das Volk *in seinem eigenen Land*, aber bei der sechsten Strafe werden sie *aus dem Land entfernt* und unter den Nationen zerstreut. Einige der Züchtigungen werden von Mal zu Mal wiederholt, aber sie können wie folgt zusammengefasst werden: Leid und Schrecken; Krankheit; Trockenheit und Hungersnot; Niederlage vor den Feinden, Tod durch Krieg, wilde Tiere und

Plagen; Zerstörung der Städte und der Nation; Zerstreuung und Exil unter den nichtjüdischen Nationen. Mose erklärte später diese Züchtigungen (5Mo 28,15ff.). Wie traurig, dass unschuldige Kinder für die Sünden ihrer Eltern leiden mussten (3Mo 26,22.29).

Die Formulierung *»dann werde ich fortfahren, euch zu züchtigen, ›und zwar‹ siebenmal wegen eurer Sünden«* (V. 18.21.24.28), bedeutet eine vollkommene Strafe, da Sieben die hebräische Zahl ist, die Vollkommenheit bezeichnet. Jede Periode der Züchtigung würde voll und vollständig sein und nichts würde fehlen, und die nächste würde noch schlimmer sein als die vorhergehende.

Verse 16-17. »Entsetzen« bedeutet Verwirrung des Geistes, die Art von Schrecken, die einen befällt, wenn man spürt, dass man keinen Einfluss auf die Geschehnisse hat. *»Verschmachten«* beschrieb wohl Krankheiten, die langsam den Körper aufzehrten, wie zum Beispiel Tuberkulose. Während der Zeit der Richter fielen die nichtjüdischen Nationen zur Erntezeit in Israel ein und stahlen die Felderträge. Wenn die Israeliten gehorsam gewesen wären, hätte der Herr sein Angesicht über ihnen leuchten lassen (4Mo 6,22-27), doch wegen ihres Ungehorsams wandte er sein Gesicht von ihnen ab (vergleiche 3Mo 26,17 mit Spr 28,1).

Verse 18-20. Gottes Ziel bestand darin, ihren *»starken Hochmut* (zu) *brechen«* (V. 19). Der Regen würde aufhören und der Boden würde so hart werden, dass die Saat nicht aufgehen konnte. Es würde trotz vieler Mühe keine Ernte geben (Am 4,6-13). Man sollte annehmen, dass all diese Leiden die Nation zur Buße in die Knie gezwungen hätten, aber sie weigerten sich, Reue zu zeigen. So wird es auch am Ende der Zeit sein, wenn Gott sein Urteil auf die ganze Welt herabschickt (Offb 16, besonders V. 9 und 11).

Verse 21-22. Eine Strafe wird hier benannt: das Einfallen der wilden Tiere, die Vieh und Menschen töten, besonders die Kinder. Stellen Sie sich den Schrecken vor, der eine Nation beherrschte, wenn hungrige wilde Tiere umherstreifen würden! Man sollte denken, dass die Erwachsenen wenigstens um ihrer Kinder willen bereuen und sich zu Gott hinwenden würden.

Verse 23-26. Krieg, Hungersnot und Seuche gehen meist Hand in Hand. Wenn Menschen in einer von Mauern umgebenen Stadt zusammengepfercht und vom Feind umzingelt sind, gehen ihnen die Lebensmittel aus, sie werden krank und schreckliche Seuchen breiten sich aus (siehe Hes 5).

Verse 27-31. Hungersnot bringt Menschen dazu, unmenschliche Dinge zu tun, wie zum Beispiel zu töten oder die eigenen Kinder zu essen (siehe 2Kö 6,29; Jer 19,9; Kla 4,10). Die feindlichen Heere zerstörten die Götzenheiligtümer, die die Juden erbaut hatten, und warfen die Leichname der Juden auf deren Götzen, die sie nicht retten konnten. 3. Mose 26,31 lässt darauf schließen, dass die Menschen versuchten, ihre Anbetung Jahwes wiederaufleben zu lassen, aber es war zu spät. Ihre Städte und Heiligtümer wurden alle dem Erdboden gleichgemacht.

Verse 32-39. Dieser Abschnitt beschreibt den Höhepunkt von Gottes Züchtigungen, der durch die harten Herzen seines Volkes notwendig wurde. Bis zu diesem Punkt hatte er die Israeliten *in* ihrem Land gezüchtigt, doch nun entfernte er sie *aus* ihrem Land. Im Jahre 722 vor Christi Geburt nahmen die Assyrer das nördliche Königreich Israel ein; im Jahre 605 v. Chr. begannen sie dann mit der Einnahme des südlichen Königreiches Juda. Während der siebzig Jahre der babylonischen Gefangenschaft konnte das Land *»ruhen und seine Sabbate ersetzt bekommen«* (V. 34-35.43; 2Chr 36,21; Jer 25,11).

Der Herr war gnädig und brachte einen Überrest der Juden in das Land zurück, aber das Königreich erreichte niemals wieder seine frühere Macht und Herrlichkeit. Abgesehen von kurzen Perioden der Freiheit, wie etwa unter den Makkabäern, befanden sich die Juden stets unter der Herrschaft irgendeiner ausländischen Macht. Ihre endgültige Zerstreuung fand im Jahre 70 n. Chr. statt, als die römischen Heere einfielen und Jerusalem einnahmen. Die Prophezeiungen in 3. Mose 26,22 und 29 erfüllten sich während der Belagerung Jerusalems nur allzu sehr.

3. Seinem Bund vertrauen (3Mo 26,40-46)

Auch in den schlimmsten Lagen gibt es doch stets noch Hoffnung, denn der Herr ist *»barmherzig und gnädig, langsam zum Zorn und reich an Gnade und Treue, der Gnade bewahrt an Tausenden ›von Generationen‹, der Schuld, Vergehen und Sünde vergibt«* (2Mo 34,6-7). Sein Bund mit seinem Volk ist ewig unveränderlich, und wenn wir unsere Sünden bekennen und bereuen, wird er uns vergeben und uns erneuern (3Mo 26,40; 1Kö 8,33-34; Neh 9,2; 1Jo 1,9). Ob beim Segnen, Züchtigen oder Vergeben – stets hält Gott seinen Bund und steht zu seinem Wort.

Gott mag sein Volk bestrafen, aber er wird es niemals zurückweisen oder verstoßen (Röm 11). Tatsächlich besteht einer der Gründe für seine Züchtigungen darin, dass er sein irrendes Volk zurück in seine Arme der Liebe holen will, wo er sich an ihm erfreuen und es erneut segnen kann (Hebr 12,1-13). Gottes Volk mag sein Gesetz vergessen, aber Gott erinnert sich an seinen Bund. Er erinnert sich auch an das Land, denn es gehört ihm (3Mo 25,23).

Vor der Wiederkunft Christi auf Erden wird ein zukünftiges Sammeln der Israeliten in ihrem Land stattfinden, um sein versprochenes Königreich aufzurichten. (Siehe die Diskussion bezüglich des Festes des Hornblasens in Kapitel neun dieses Buches.) Gott gab Abraham und seinen Nachkommen das Land, und er wird nicht wortbrüchig werden.

Der Grund für die Rebellion Israels waren ihre unbeschnittenen Herzen, womit Herzen gemeint sind, die niemals vom Herrn verändert wurden (26,41). Die Juden prahlten damit, dass ihre Körper beschnitten waren, aber das genügte nicht für ihre Rettung (Mt 3,7-12). Das Zeichen am Körper war das äußere Siegel des Bundes, aber es war mehr als das notwendig, um das Herz zu verändern (siehe 5Mo 10,16; 30,6; Jer 4,4; 9,25; Röm 2,29).

Wenn wir dem Herrn nicht gehorchen, klagt uns der Feind an und will uns glauben machen, dass es keine Hoffnung gibt, weil Gott mit uns abgeschlossen hat (2Kor 2,1-11). *»Wenn wir untreu sind – er bleibt treu, denn er kann sich selbst nicht verleugnen«* (2Tim 2,13). König Salomo wies auf das Versprechen der Vergebung hin, als er den Tempel weihte (1Kö 8,31-54), und es war dieses Versprechen, auf das Jona sich berief, als er seine Sünden bereute (Jon 2,7).

Das Versprechen der Vergebung in 1. Johannes 1,9 sollte niemals als eine Entschuldigung für Sünde missbraucht werden, aber es ist gewiss eine wunderbare Ermutigung für Gläubige, wenn sie gesündigt haben. Die Treue Gottes zu seinem Wort und seinem Bund ist für den Gläubigen eine große Sicherheit, *»bei dir ist die Vergebung, damit man dich fürchte«* (Ps 130,4). Da sich weder das Wort noch Gottes Wesen jemals verändert, haben wir die größtmögliche Ermutigung, zu ihm zu kommen und einen neuen Anfang zu wagen.

4. Unsere Verpflichtungen Gott gegenüber einhalten (3Mo 27,1-34)

Es erscheint recht merkwürdig, dass dieses Buch mit einem Kapitel über Gelübde endet statt mit einem Bericht über eine besondere Demonstration von Gottes Herrlichkeit und Heiligkeit. Unsere Versprechen Gott gegenüber müssen jedoch so heilig sein wie sein Bund mit uns. »*Sei nicht vorschnell mit deinem Mund, und dein Herz eile nicht, ein Wort vor Gott hervorzubringen! Denn Gott ist im Himmel, und du bist auf der Erde; darum seien deine Worte wenige*« (Pred 5,1). »*Eine Falle für den Menschen ist es, vorschnell zu sagen: Geheiligt! – und ›erst‹ nach den Gelübden zu überlegen*« (Spr 20,25).

Das Prinzip der Vorschriften in diesem Kapitel besteht darin, etwas, was in Hingabe an Gott gegeben wurde, eine Person, ein Tier oder ein Besitztum, durch Geld zu ersetzen und dieses Geld den Priestern für den Unterhalt des Heiligtums zu schenken. Der Priester schätzte das Geschenk gemäß den Regeln, die in diesem Kapitel festgehalten waren. Indem er Geld anstatt des Geschenkes hingab, »löste« der Gläubige das Geschenk aus, aber er erfüllte trotzdem das Gelübde. Diese Gelübde waren absolut freiwillig und Ausdruck für die Dankbarkeit des Beters gegenüber Gott für seinen Segen.

Die auslösbaren Dinge (V. 1-25). Sie begannen mit der Hingabe von Personen (V. 1-8). Ein Gläubiger mochte sich selbst dem Herrn schenken oder ein Familienmitglied oder einen Diener zum Heiligtum bringen, um diese Person dort lebenslang dienen zu lassen. Da es reichlich Leviten gab und diese für den Dienst im Heiligtum besonders hervorgehoben waren, wurde erwartet, dass die hingeschenkte Person mit Geld ausgelöst und das Geld den Priestern für das Heiligtum gegeben wurde. Im Falle Samuels (1Sam 1–2) wurde der Junge tatsächlich dem Hohenpriester übergeben und dazu erzogen, im Zelt der Begegnung zu dienen. Kinder konnten ausgelöst werden oder, wie Samuel, in den Dienst eintreten, wenn sie älter waren.

Der Geldbetrag, der für jeden Altersabschnitt und für jedes Geschlecht festgelegt war, hatte nichts mit dem Wert der Person als solcher zu tun. Jeder und jede war dem Herrn kostbar. Der Schlüsselgedanke war, wie viel Arbeit er oder sie hätte erledigen können. Ein Schekel entsprach dem Monatseinkommen eines Arbeiters, obwohl wir nichts über seine Kaufkraft wissen. Dementsprechend wurde ein Mann, der zwischen zwanzig und sechzig Jahren alt war, mit ungefähr vier Jahreseinkommen angesetzt. Übertragen Sie dies auf moderne Wirtschaftsverhältnisse und Sie werden zu Recht erkennen, warum sich die Menschen nicht leichtfertig zu diesen Gelübden hinreißen ließen! Es wäre tatsächlich eine kostspielige Angelegenheit, vier Jahreseinkommen zu zahlen, um ein Gelübde an den Herrn zu halten.

Tiere konnten ebenfalls hingeschenkt und dann ausgelöst werden (3Mo 27,9-13). Jedes Tier, das dem Herrn gewidmet wurde, wurde als heilig angesehen (V. 9-10), was bedeutete, dass es heilig war und dem Herrn gehörte. Wenn der Schenkende es gegen ein minderwertiges Tier einlösen wollte, gehörten danach *beide* Tiere dem Herrn (V. 10)! Dies war eine der Sünden der Priester in den Tagen Maleachis (Mal 1,13-14). Bei Tieren musste der Schenkende der Schätzung des Priesters zwanzig Prozent hinzufügen.

Besitz konnte ebenfalls hingeschenkt und ausgelöst werden (V. 27,14-25), aber der Eigentümer musste der Schätzung zwanzig Prozent hinzufügen, wenn er dem Priester das Lösegeld gab. Ein Feld wurde auf der Grundlage seiner Erträge und der zeitlichen Nähe zum Jobeljahr geschätzt. Wenn der Besitzer das Land aus irgendeinem Grund verkaufte, nachdem er es dem Herrn gewidmet hatte, wurde er bestraft, indem er es im Jobeljahr an die Priester verlor und es niemals mehr auslösen konnte. Wenn wir dem Herrn Versprechen geben, sollen wir sie auch halten.

Die unauslösbaren Dinge (V. 26-34). Davon gibt es drei: die erstgeborenen Tiere, alles von Gott Gebannte sowie den verlangten Zehnten.

Das Erstgeborene unter dem Vieh (V. 26-27) wurde am ersten Passah für den Herrn geheiligt (2Mo 13,2; siehe 34,19-20). Diese Tiere nahmen den Platz des Erstgeborenen Israels ein, den das Blut des Lammes von der Strafe erlöste; sie konnten nicht ausgelöst werden. Wenn das Tier jedoch »unrein« war, was wahrscheinlich bedeutete, dass es irgendwelche Makel hatte, konnte der Schenkende es auslösen, indem er den geschätzten Preis und zusätzlich zwanzig Prozent zahlte. (Kein Tier mit Makeln wurde auf den Altar gelegt, und gewiss konnte ein Priester niemals ein Tier akzeptieren, das als »unrein« aufgeführt war.)

Dinge, die dem Herrn »gebannt« waren (V. 28-29) waren Sachen, die Gott für sich geheiligt hatte, wie zum Beispiel die Kriegsbeute in Jericho (Jos 6,17-19; 7,11-15). Diese Dinge gehörten vollständig ihm. König Saul brach dieses Gesetz, als er versuchte, Gott das zu geben, was dieser bereits gebannt hatte: die Amalekiter und all ihren Reichtum (1Sam 15).

Der Zehnte der Erträge (V. 30-33) gehörte bereits dem Herrn und konnte nicht anderweitig verwendet werden. Es scheint, dass die Juden drei Zehnte gezahlt haben: einen Zehnten an die Leviten, die im Gegenzug den Zehnten davon an die Priester zahlten (4Mo 18,21-32); einen Zehnten, der zum Heiligtum gebracht wurde und *»vor dem Herrn«* gegessen wurde (5Mo 14,22-27) und einen Zehnten alle drei Jahre für die Armen (V. 28-29). Kein Bauer konnte den Zehnten des Herrn behalten und durch Geld auslösen. Er musste so gegeben werden, wie es der Herr vorschrieb.

Die Hauptlektion dieses Kapitels besagt, dass Gott von uns erwartet, dass wir unsere Verpflichtungen ihm gegenüber einhalten und in all unseren Geschäften mit ihm ehrlich sind. Wir sollen nicht versuchen, ein besseres »Geschäft« auszuhandeln oder uns unseren Verpflichtungen zu entziehen. Es ist gut, dem Herrn Geld zu geben, aber Geldgeschenke sind nicht immer eine angemessene Form des Ausdrucks unserer Hingabe an Gott. Dieses Geld mag ein Ersatz sein für den Dienst, den wir dem Herrn erweisen sollten.

Was Samuel zu König Saul sagte, muss auch heute gehört werden: *»Siehe, Gehorchen ist besser als Schlachtopfer, Aufmerken besser als das Fett der Widder«* (1Sam 15,22).

Schließlich müssen wir uns erinnern, dass Jesus Christus den Lösepreis für Sünder mit seinem eigenen Leben bezahlt hat, *und wir waren es nicht wert.* Er erlöste uns nicht mit Silber und Gold, sondern mit seinem eigenen kostbaren Blut (1Petr 1,18-19). Jedes Opfer, das wir für ihn bringen, ist nichts im Vergleich zu dem Opfer, das er für uns gebracht hat.

Zusammenfassung – Von 3. Mose lernen

Die Tatsache, dass Gott ein ganzes Buch der Bibel der Thematik der Heiligkeit gewidmet hat, sollte darauf hinweisen, dass es ein *wichtiges* Thema ist, eines, das wir nicht ignorieren dürfen. Es gab in diesem Buch viele faszinierende Einzelheiten, die wir nicht näher studieren konnten, aber die Hauptlektionen treten deutlich hervor. Lassen Sie uns einige dieser Lektionen zusammenfassen und einige praktische Zusammenhänge zu unserem heutigen christlichen Leben herstellen.

1. Unser Gott ist ein heiliger Gott

Wenn wir die Heiligkeit Gottes reduzieren, laufen wir Gefahr, die menschliche Sündhaftigkeit zu reduzieren, und die Kombination dieser beiden Fehler führt zur Reduktion des Kreuzes von Jesus Christus. Wenn wir das Evangelium predigen wollen, müssen wir einen heiligen Gott haben, der die Sünde hasst und etwas dagegen getan hat, was ihn viel gekostet hat. »Für die Sühnung ist gesorgt, weil Gott ebenso heilig wie liebevoll ist«, schrieb der Theologe Carl F. H. Henry.[1]

Gottes Heiligkeit bedeutet sein vollständiges »Getrenntsein« von allem, was sündig ist. Er *unterscheidet* sich von Gewöhnlichem, er ist *getrennt* von Befleckendem. Doch Gottes Heiligkeit ist nichts Statisches, wie ein Block aus reinem Eis. Seine Heiligkeit ist aktiv und lebendig, ein *»gläsernes Meer, mit Feuer gemischt«* (Offb 15,2). Alles an Gott ist heilig: seine Weisheit, seine Macht, seine Strafen und sogar seine Liebe. Wenn seine Liebe keine heilige Liebe wäre, hätte er nicht seinen einzigen Sohn gesandt, damit dieser für die Sünden der Welt starb und die gerechten Ansprüche seines eigenen Wesens und seines eigenen heiligen Gesetzes erfüllte.

Es mag eine Fehleinschätzung sein, aber ich spüre, dass viele Gläubige heute das ehrfürchtige Gespür für die Heiligkeit Gottes verloren haben. Warum?

Zum einen betonen wir in unseren Gemeinden nicht die Heiligkeit. Unsere »Gottes-Dienste« sind spritzig und freudig wie das Lagerfeuertreffen einer Pfadfindergruppe, aber ihnen fehlt vollständig die wichtige Betonung der Heiligkeit Gottes. Unsere Predigten sind menschenorientiert, wir versuchen, »die Leute dort abzuholen, wo sie stehen«, statt sie auf den heiligen Gott hinzuweisen, der ihre Anbetung und ihren Gehorsam verdient. Menschen, die von Gottes Großartigkeit und Heiligkeit fasziniert werden, machen sich keine großen Gedanken mehr darum, wo sie stehen.

Der Mangel an gemeindlicher Disziplin und einem gehobenen Niveau christlichen Verhaltens lässt darauf schließen, dass wir es mit der Heiligkeit nicht allzu ernst nehmen. In unserer Werbung versuchen wir, die Gemeinde an die Welt zu »verkaufen«, indem wir die unbiblische Idee vermitteln, dass Christentum »Spaß macht« und jeder Heide diesem Verein betreten sollte, um endlich auch auf der Sonnenseite der Straße zu leben. Einmal hörte ich einen Pastor bei den Abkündigungen sagen: »Versäumen Sie auf keinen Fall den Gottesdienst heute Abend. Wir werden Spaß haben.« Ich dachte an die Worte des Jakobus, die er an weltliche Gläubige schrieb: *»Fühlt euer Elend und trauert und weint; euer Lachen verwandle sich in Traurigkeit und ›eure‹ Freude in Niedergeschlagenheit«* (Jak 4,9).

Ich kann mir Mose und die Ältesten nicht vorstellen, wie sie am Berg Sinai »Spaß hatten«, als sie die Herrlichkeit Gottes erblickten, oder dass Jesaja berichtet, wie viel Spaß er im Tempel hatte, als er *»den Herrn sitzen* (sah) *auf hohem und erhabenem Thron«* (Jes 6,1). Niemand erfreut sich mehr an Humor und fröhlichem Lachen als ich, aber wenn ich über meine eigene Sündhaftigkeit und Gottes Heiligkeit nachdenke, möchte ich mich Hiob, Jesaja, Petrus und Johannes anschließen und in Verehrung und Gottesfurcht auf mein Gesicht fallen.

2. Gott möchte, dass seine Menschen heilig sind

In der Schrift sagt Gott acht Mal: *»Seid heilig, denn ich bin heilig.«* Da Gottes Gebote Gottes Befähigungen sind, versichert uns dieses Gebot, dass es möglich ist, ein heiliges Leben zu führen. Was Gesundheit für den Körper ist, ist Heiligkeit für die Seele, und der große Arzt kann uns die geistliche Gesundheit und Ganzheit schenken, die wie brauchen.

Gott wollte, dass sein Volk Israel *»eine heilige Nation«* war (2Mo 19,6), und dieser hohe Anspruch gilt auch für heutige Christen (1Petr 2,9). Was immer man heutzutage mit der Kirche oder Gemeinde verbinden mag – Gebäude, Haushaltspläne, Menschenmengen, volle Terminkalender –, für ihre Heiligkeit ist sie sicherlich nicht bekannt. *Wie viele Christen kennen Sie, von denen Sie ehrlich sagen könnten: »Er ist ein Mann Gottes« oder »Sie ist eine Frau Gottes«?* Wie viele »prominente Christen« kämen dafür in Frage?

Israel versäumte es, eine heilige Nation zu sein und versäumte es deshalb auch, vor der Welt Zeugnis abzulegen, wie Gott es gewollt hatte. Nicht nur *Israel* litt für seine Sünden, sondern *die heidnische Welt* litt ebenfalls, weil sie in Israel nicht den Unterschied erkannte, der besteht, wenn man einem heiligen Gott gehört. Die Gemeinde betont das mündliche Zeugnis, aber sie vernachlässigt das gottesfürchtige Wesen und Benehmen, und beides ist wichtig. Jesus sagte nicht: »Ihr seid die Lippen der Welt«, sondern: *»Ihr seid das Licht der Welt.«* Er sagte nicht: »Ihr seid die Predigten der Erde«, sondern: *»Ihr seid das Salz der Erde.«* Ein heiliges Leben vertreibt die Dunkelheit und wirkt dem Verfall entgegen.

3. Heiligkeit beginnt am Altar

3. Mose beginnt nicht mit einem Gebetstreffen, einem Lobpreisgottesdienst oder einer Zusammenkunft zur gegenseitigen Anteilnahme. Es beginnt am Altar, wo unschuldige Opfer ihr Blut für schuldige Sünder vergießen. Es beginnt mit der Beschreibung der fünf Opfer, die alle auf den Herrn Jesus Christus und sein Werk am Kreuz hinweisen.

Der erste Schritt in Richtung Heiligkeit ist das Eingeständnis meiner eigenen Sünde und die Anerkennung von Christus als meinem einzigen Heiland und Erlöser von der Sünde. Wenn ich davon ausgehe, dass ich wegen meiner aufrichtigen Vorsätze, meiner religiösen Gewohnheiten oder meines theologischen Wissens heilig werde, steuere ich auf einen garantierten Misserfolg zu. Gewiss, wir brauchen geistliches Wissen und sollten auch den Vorsatz haben, fromme Gewohnheiten zu pflegen, aber ohne das Opfer Jesu Christi sind alle diese guten Dinge nutzlos, wenn nicht sogar schädlich.

Das Kreuz offenbart Gottes Abscheu gegen die Sünde. *Unsere Sünden töteten seinen einzigen Sohn.* Wie kann ich mich neutral oder sogar freundlich gegenüber dem verhalten, durch das der Sohn Gottes leiden und sterben musste? Wenn ich nicht lerne, Sünde zu verabscheuen, werde ich niemals in der Lage sein, Heiligkeit zu pflegen.

Das Kreuz offenbart aber auch die Macht Gottes, Sünde zu besiegen. Das Blut Christi reinigt uns (1Jo 1,7.9), bringt uns Gott nahe (Eph 2,13) und reinigt uns von Sünde (Hebr 9,14). Indem wir sein beendetes Werk und unsere geheiligte Stellung in ihm annehmen (13,12), machen wir den ersten Schritt in ein heiliges Leben.

4. Heiligkeit umfasst Gehorsam und Disziplin

Es war nicht genug, dass der jüdische Gläubige ein Opfer zum Altar brachte und mit dem Wissen davonging, dass seine Sünden vergeben waren. Der Gläubige musste auch die Regeln und Vorschriften einhalten, die der Herr seinem Volk in Bezug auf Reines und Unreines gegeben hatte. Anders formuliert: Unser heiliger Gott hat das Recht, uns zu sagen, was recht und was unrecht ist.

Heutzutage schenken Gläubige den rituellen Speisevorschriften der Juden keinerlei Beachtung mehr, aber wir sollten bedenken, was sie veranschaulichen: Es gibt in dieser Welt Dinge, die wir nicht in unseren Körper lassen dürfen, weil Gott sie missbilligt. Ich habe keine Angst davor, einen Leichnam zu berühren oder einen Knochen aufzuheben, aber ich muss umsichtig darauf achten, mich *»selbst von der Welt unbefleckt zu erhalten«* (Jak 1,27). Christliche Freiheit ist kein Freifahrtschein für die Beteiligung an Dingen, die nicht gut für uns sind.

Ich begrüße die Betonung, die Christen gegenwärtig auf das Bibelstudium legen und freue mich über die vielen exzellenten Hilfsmittel, die zur Verfügung stehen. Das Lesen und Studieren der Bibel genügt jedoch nicht. Wir sollen *»seine Gebote halten und das vor ihm Wohlgefällige tun«* (1Jo 3,22). *Disziplinierter Gehorsam ist ein wichtiger Teil des heiligen Lebenswandels*. Es ist viel leichter, über die Bibel zu diskutieren, als ihre Wahrheiten in unserem Alltagsleben zu veranschaulichen.

Die Juden des Alten Testaments mussten umsichtig wandeln, um sich vor Befleckung zu bewahren (Eph 5,15). Sie mussten Gottes Normen der Heiligkeit in jeden Bereich ihres täglichen Lebens integrieren: die Kleidung, die sie trugen; die Speisen, die sie zu sich nahmen; die Dinge, die sie berührten; die Menschen, mit denen sie Gemeinschaft pflegten. Ehepaare mussten ihre intimsten Erfahrungen der Disziplin des Wortes Gottes unterordnen. Für den Heiligen des Alten Testaments gab es keine Unterscheidung zwischen »weltlich« und »heilig«, denn alles im Leben gehörte Gott.

Heutige Gläubige denken, dass sie geistlich sind, wenn sie einmal pro Woche in die Gemeinde gehen und an den anderen sechs Tagen in einem Andachtsbuch lesen. Nur wenn Gottes Heiligkeit beginnt, zunehmend *jeden Bereich unseres Lebens zu berühren*, können wir zu Recht sagen, dass wir Fortschritte im Heilig-Sein machen.

5. Heiligkeit muss von Gott kommen und echt sein

Wir müssen uns vor »falschem Glaubenseifer« in Acht nehmen. Gott tötete Nadab und Abihu, die Söhne Aarons, weil sie »fremdes Feuer« und falschen Glaubenseifer in das Heiligtum gebracht und dadurch das heilige Gesetz Gottes verletzt hatten. Heutzutage macht Gott das nicht, aber wenn er es tun würde, blieben nicht besonders viele Heilige übrig. Es ist wahrscheinlich, dass die beiden Priester unter Alkoholeinfluss standen, was uns an die Ermahnung von Paulus erinnert, dass wir uns nicht mit Wein berauschen, sondern voller Geist werden sollen (Eph 5,18).

Die raffinierte menschliche Natur kann Geistlichkeit imitieren, aber niemals kopieren. Sentimentale religiöse Gefühle sind keine Garantie dafür, dass wir Gott gefallen, und die Abwesenheit solcher Gefühle bedeutet nicht, dass wir Gott enttäuschen. Ich bin dankbar für das Gewicht, das man innerhalb der Gemeinde wieder auf Anbetung und Lobpreis legt, aber wir müssen vorsichtig darauf achten, dass unser »Feuer« durch den Heiligen Geist von Gottes Altar entzündet wurde und nicht durch das Fleischliche oder durch dämonische Kräfte. Satan ist ein Betrüger, und wir müssen wachsam sein, um seine Fälschungen zu entlarven und zurückzuweisen.

6. Heiligkeit umfasst priesterliche Vermittlung

Für den Juden des Alten Testaments, der nicht in den Stamm Levi hineingeboren war, gab es keinen Zutritt zu den heiligen Bereichen des Zeltes der Begegnung. Er musste durch die Vermittlung der Priester zu Gott kommen. In der Gemeinde des Neuen Testaments sind alle Menschen, die zu Gott gehören, Priester; *aber wir müssen zu Gott kommen durch Jesus Christus, unseren vermittelnden Hohenpriester im Himmel* (1Petr 2,5).

Ohne Gemeinschaft mit Jesus Christus kann es kein Wachsen in der Heiligkeit geben. Er beendete das Werk unserer Rettung, als er starb und auf Erden wiederauferstand, doch nun führt er das »unbeendete Werk« unserer Heiligung weiter und legt im Himmel Fürsprache ein. Dies ist eines der Hauptthemen des Hebräerbriefes. Er möchte uns vollenden *»in allem Guten, damit ihr seinen Willen tut, indem er in uns schafft, was vor ihm wohlgefällig ist, durch Jesus Christus«* (Hebr 13,21).

Im Gegensatz zu den Gläubigen des Alten Testaments können Gottes Menschen heutzutage in seine konkrete Gegenwart (das Allerheiligste) und in Gemeinschaft mit ihm treten (10,19-22). Durch Jesus Christus haben wir Zutritt zum Gnadenthron, damit wir *»Barmherzigkeit empfangen und Gnade finden zur rechtzeitigen Hilfe«* (Hebr 4,16). Wenn wir uns nicht »Zeit nehmen, um heilig zu sein« und mit Gott kommunizieren, werden wir niemals in der Heiligkeit oder in der Ähnlichkeit mit Jesus Christus wachsen.

7. Mangel an Heiligkeit wirkt auf unser Land ein

Wir neigen dazu, Sünde als eine individuelle Sache zu sehen, die nur den Sünder betrifft, aber das stimmt nicht. Mose machte deutlich, dass die Sünden des Volkes auf das Land einwirkten, das Gott ihnen geschenkt hatte, und dass das Land sie »ausspeien« würde, wenn sie ihre Rebellion fortsetzten.

Götzenverehrung und sexuelle Unmoral sind die beiden Sünden, die Gott als besonders verderblich für das Land hervorhob. *»Macht euch nicht unrein durch all dieses! Denn durch all dieses haben die Nationen sich unrein gemacht, die ich vor euch vertreibe. Und das Land wurde unrein gemacht, und ich suchte seine Schuld an ihm heim, und das Land spie seine Bewohner aus«* (3Mo 18,24-25).

Obwohl wir alles tun sollten, um heilige Maßstäbe aufrechtzuerhalten, hat die Gemeinde nicht die Autorität, den nicht eretteten Bürgern des Landes Gottes Gesetze aufzudrängen. Aber was sollen wir machen, wenn *die Leute in der Gemeinde, die vorgeben, Gott zu kennen, sich nicht selbst nach diesen Maßstäben richten?* Wenn die Gemeinde wird wie die Welt, hat sie keinen Einfluss, um die Welt zu verändern.

Götzenverehrung und Unmoral sind in der modernen Gesellschaft nicht nur akzeptiert, sondern werden auch gutgeheißen und beworben. Romane, Kinofilme und Fernsehprogramme stellen sexuelle Unmoral dar und preisen sie so sehr an, dass sie zu einem wichtigen Teil moderner Unterhaltung geworden sind. Sünden, die uns dazu bringen sollten, dass wir weinend in die Knie sinken, sind mittlerweile ein akzeptierter Zeitvertreib. Wir erwarten diese Art des gottlosen Lebenswandels von den Menschen der Welt, aber nicht von den Menschen Gottes; dennoch haben sich Götzenverehrung und Unmoral in der Gemeinde ausgebreitet.

Die Bestrafung kommt, und sie wird *»beim Haus Gottes«* (1Petr 4,17) ihren Anfang nehmen.

8. Heiligkeit ist keine Privatsache

Der Gläubige des Alten Testaments war Teil einer anbetenden Gemeinde; er versuchte nicht, es »alleine zu schaffen«. Die Priester waren die Aufseher über das geistliche Leben der Nation, die Leviten assistierten ihnen, und jedem Angehörigen der Nation war seine Rolle in der permanenten Schlacht gegen die Sünde und die Welt zugeteilt.

Eine der gefährlichsten Tendenzen in der heutigen Christenheit ist die Betonung des »individuellen Christentums«, als ob jeder Gläubige ein »Einzelkämpfer« wäre, der bei seinem Streben nach Heiligkeit niemanden bräuchte, der ihm zur Seite steht. Selbstverständlich benötigen wir einzelne und persönliche tägliche Andachtszeiten mit dem Herrn, aber dabei sollten wir es nicht belassen. Wir brauchen auch die Hilfe unserer geistlichen Leiter und anderer Gläubiger in der Gemeinde, und sie brauchen uns.

Der friedliche Sabbattag gab Eltern die Gelegenheit, ihren Kindern das Wort Gottes zu erklären, und jedes Passah war eine weitere Gelegenheit, Gottes Barmherzigkeit gegen sein Volk zu bedenken. Die anderen Feste brachten die Gemeinde entweder zur Buße oder zur Freude zusammen. Wenn wir *»unser Zusammenkommen«* (Hebr 10,25) aufgeben, berauben wir uns der Segnungen, die Gott jenen schenkt, die ein lebendiger Teil einer anbetenden Gemeinde sind.

9. Heiligkeit verherrlicht den Herrn

Da nur Gott einen Menschen heilig machen kann, ist ein frommes Leben eine Trophäe seiner Gnade und eine Huldigung an seine Macht. Lehrer können es sich zugute halten, dass sie uns unterrichten, Pastoren, dass sie uns beraten und Freunde, dass sie uns ermutigen, aber nur Gott gebührt die Herrlichkeit, wenn Menschen Christus in uns abgebildet sehen.

Wir mögen die Veränderungen nicht bewusst wahrnehmen, aber Gott kann sie sehen und andere auch. Es ist nicht entscheidend, dass wir unser Wachstum wie das Wachstum unserer Kinder messen, sondern dass wir uns stets unterwerfen und ihn verherrlichen in allem, was wir sind und tun.

10. Heiligkeit bedeutet zu leben, um allein Gott zu gefallen

Wenn ein Jude, der allein durch ein Feld ging, versehentlich unrein wurde, konnte er sich zwischen zwei Verhaltensweisen entscheiden. Er konnte außerhalb des Lagers bleiben und die notwendigen Schritte zur Reinigung unternehmen oder ins Lager zurückkehren, nichts unternehmen und befleckt bleiben. Niemand würde den Unterschied bemerken, aber er wäre »vergiftet« und würde heimlich alles und jeden beflecken, den er berührte; *und der Herr würde es wissen*. Wenn er nicht den Vorschriften von Gottes Gesetz gehorchte und wieder rein wurde, wäre er eine lebendige Lüge, würde großen Schaden anrichten und die Bestrafung Gottes auf sich herabziehen.

Einer der Grundsätze, die Jesus in der Bergpredigt betonte, war, dass wir unter den Augen Gottes leben, um allein ihm zu gefallen und nicht unter den Augen der Menschen, um sie zu beeindrucken (Mt 6,1-18). Es gibt Zeiten, in denen unsere Freunde missverstehen, was wir tun, wir aber von unserem Vater im Himmel vollständig verstanden werden und er unser Handeln billigt. Anders formuliert: Jesus möchte, dass wir uns darauf konzentrieren, unseren Charakter zu entwickeln und nicht unseren religiösen Ruf.

Wenn Gott mit uns unzufrieden ist, ist es ganz egal, wie sehr uns unsere Freunde Beifall spenden. *»Alles [ist] bloß und aufgedeckt vor den Augen dessen, mit dem wir es zu tun haben«* (Hebr 4,13), deshalb ist es vergebens, wenn wir versuchen, es zu verstecken. 1. Johannes 1,5-10 sagt, dass wir, wenn wir erst andere belügen (V. 6), auch bald uns selbst betrügen (V. 8), und am Ende wird der Versuch stehen, Gott zu belügen (V. 10). Dies führt zu einer schrittweisen Verschlechterung des Charakters, die zu Zusammenbruch und Scham führt. Wir bemühen uns, ein heiliges Leben zu führen – nicht damit wir als »heilige Menschen« angesehen werden, sondern um einem heiligen Gott zu gefallen. Wir leben offen und anständig vor ihm, verstecken nichts und fürchten nichts.

Einige Jahre lang hing in meinem Büro ein Wandspruch, ein Zitat von A.W. Tozer: »Gott zu kennen, ist die leichteste und zugleich die schwierigste Sache der Welt.«

Gott zu kennen und ihm ähnlicher zu werden, ist die leichteste Sache der Welt, weil Gott für uns ist und uns alle nur erdenkliche Hilfe zukommen lässt, wenn wir uns bemühen, das Ziel zu erreichen. Aber es ist auch die schwierigste Sache, weil fast alles in uns und um uns herum gegen uns kämpft und wir eine heilige Entschlossenheit an den Tag legen müssen, um im Wettlauf zu laufen und auf den Herrn hinzuschauen (Hebr 12,1-3).

Aber es ist zu schaffen; ansonsten hätte Gott in seinem Wort niemals acht Mal gesagt: *»Seid heilig, denn ich bin heilig!«*

Sein Gebot ist das Versprechen seiner Befähigung.

Seid heilig!

Fragen zum Bibelstudium

Erstes Kapitel

Die wichtigste Sache der Welt

(Einführung in 3. Mose)

1. Warum wird der Gedanke der Heiligkeit so selten mit Glücklichsein in Verbindung gebracht?
2. Welche Möglichkeit sehen Sie, dass Sie durch zunehmende Heiligkeit ein glücklicherer Mensch werden könnten?
3. Warum ist es wichtig, den Befehl »Seid heilig!« nicht als Luxus, sondern als Notwendigkeit zu sehen?
4. Warum besteht eine solch große Diskrepanz zwischen unserem Verständnis der Notwendigkeit der Heiligkeit und unserer tatsächlichen Praxis der Heiligkeit?
5. Wie würden Sie das Problem beschreiben, das auftritt, wenn Liebe und Heiligkeit sich nicht die Waage halten?
6. Welche praktischen »geistlichen Opfer« können Christen als Priester Gottes (1Petr 2,5.9) ihrem Herrn darbringen?
7. Die Gesetze, die das jüdische Leben im Altertum regelten, waren »Erinnerungen daran, dass Gottes Volk nicht einfach so leben konnte, wie es ihm gefiel.« Inwiefern steht dies im Gegensatz zu der heute weitverbreiteten Lebenseinstellung: »Ich habe ein Recht darauf zu tun, was ich möchte, solange ich dadurch keinen anderen Menschen verletze?«
8. Welche Ihrer Erfahrungen beweisen, dass die Vorstellung der persönlichen moralischen Verantwortung von unserer modernen Gesellschaft belächelt wird?
9. Was würden Sie antworten, wenn ein Kritiker der Gemeinde die »heiliger als heilig«-Haltung angreifen würde, die er bei Gemeindegliedern verspürt?

Zweites Kapitel

Die Opfer und der Retter

(3. Mose 1–7)

1. Nach welchen Kriterien wird etwas als Opfer eingestuft?
2. Welche sechs grundlegenden Opfer konnten am Altar im Zelt der Begegnung dargebracht werden?
3. Welches Bedürfnis befriedigte jedes Opfer jeweils im Leben des Gläubigen? Welche Wahrheit drückte jedes Opfer über die Person und das Wirken Jesu Christi aus?
4. In welche drei Kategorien teilt Wiersbe unsere grundlegenden geistlichen Bedürfnisse ein? Inwiefern haben Sie diese drei »Kategorien« in Ihrem eigenen Leben als Bedürfnisse erfahren?
5. Wie würden Sie reagieren, wenn jemand den Gedanken des Ersatz-Opfers als »Hintertürchen, um keine persönliche Verantwortung übernehmen zu müssen« angreifen würde?
6. Wenn wir »alles auf den Altar legen« und dem Herrn »unser Allerbestes geben« – wie bewahren wir solche Handlungen davor, zur »Rechtschaffenheit um ihrer selbst willen« zu werden?
7. Warum ist es so schwierig, einer an der Bekehrung interessierten Person zu erklären, warum es ohne Blutvergießen keine Vergebung gibt (siehe Hebr 9,22)?
8. In welcher Hinsicht ist Jesus das vollkommene Opfer und den Opfergaben des Alten Testaments überlegen (siehe Hebr 1,1-6; 7,23-28; 10,1-14)?

DRITTES KAPITEL

Ein Königreich von Priestern

(3. Mose 8–10)

1. Warum ist es eine solch ernste Sache, für den geistlichen Dienst abgesondert zu sein?
2. Worin könnten die Folgen bestehen, wenn man sein Amt nicht in der Macht von Gottes Geist und der Kraft seines Wortes versieht?
3. Warum ist es so wichtig, dass der Ruf in den christlichen Dienst von anderen in der Gemeinde bekräftigt wird?
4. Wie sehen Sie Ihre Verantwortung vor Gott im Hinblick auf Ihre eigenen Dienstbereiche?
5. Wiersbe weist darauf hin, dass in den Vorschriften über priesterliche Aufgaben und Opfer »nichts dem Zufall oder der eigenen Vorstellung überlassen blieb«. In welchem Maße gilt das für den christlichen Diener von heute? Inwiefern ist es in der Gemeinde anders?
6. Wie wirkt die Schönheit der priesterlichen Gewänder im Vergleich mit und im Gegensatz zu der Kleidung der Schönheit und des Segens, die wir haben, wenn wir Jesus Christus *»anziehen«* (siehe Röm 13,14 und die geistlichen Schätze in Eph 1,1-14)?
7. Welche praktischen Folgerungen resultieren aus der Tatsache, dass Christen, obwohl sie abgewaschen sind, wie in 1. Korinther 6,9-11 beschrieben, dennoch ihre Füße sauber halten müssen (siehe 1Jo 1,9)?
8. Die Reihenfolge der Opfer zeigt uns, dass wir uns erst mit unserer Sünde auseinander setzen müssen, bevor wir uns ganz dem Herrn übergeben können. Wann haben Sie sich geistliches Wachstum gewünscht, waren aber nicht bereit, eine spezielle Sünde aufzugeben? Was hat Ihnen dabei geholfen, sich hin zu Buße und tieferer Hingabe zu entwickeln?

Viertes Kapitel

Reinlichkeit und Frömmigkeit

(3. Mose 11–12)

1. Welchen Bezug sollten wir als moderne Christen zu den Reinlichkeitsregeln haben, die der jüdischen Gemeinde des Altertums gegeben wurden?
2. Warum richten sich Christen heutzutage nicht mehr nach all den zeremoniellen Regeln des Alten Testaments?
3. Wie kann ein Christ heutzutage wissen, was Gott gefällt und was ihn kränkt?
4. In welcher Hinsicht gleiten wir manchmal in eine extrem buchstabengetreue Beurteilungsweise der Reinheit oder Heiligkeit anderer Gläubiger ab?
5. Wie können Christen heutzutage in Bezug auf ihre Ernährung »sündigen«?
6. Was halten Sie von der Feststellung »Gottes Willen zu gehorchen ist keine Last, sondern ein Privileg«?
7. Was bedeutet es für Sie ganz konkret, Vorsicht bei Dingen walten zu lassen, die Sie beflecken könnten?
8. Welche Grundsätze in Bezug auf Hingabe und Heiligkeit sind direkt auf moderne Christen anwendbar?
9. Was glauben Sie – auf welche Weisen mag Gott die »Neubewertung«, die unsere Gesellschaft mit ihren Sünden vorgenommen hat, bestrafen?
10. Wann haben Sie festgestellt, dass Sie sich von anderen abheben wollten, obwohl es gerade nicht angesehen oder nicht ratsam war? Wann wollten Sie es – wegen der Folgen, die Sie zu tragen hätten – nicht?

Der große Arzt

(3. Mose 13–15)

1. Welches allgemeine Grundprinzip würden Sie als Gottes Einstellung zu unserem Körper und unseren gesundheitlichen Problemen ansehen?
2. Krankheit und Sünde waren im Alten Testament eng verbunden. Welche Verbindungen bestehen heutzutage zwischen Krankheit und Sünde?
3. In welchem Sinne ist Jesus Ihr ganz persönlicher Arzt (siehe Jes 53,5)?
4. Wie können Christen ihre eigene geistliche Gesundheit beeinflussen?
5. Was hat Sie zum Sieg geführt, als Sie eine Schlacht mit einem Sünden-Symptom erfolgreich geschlagen haben? Welche praktischen Warnungen vor der Sünde würden Sie anderen mitgeben?
6. Wie kommt es, dass »es keine Lösung des Problems der Sünde geben kann, wenn sich das Herz nicht verändert«?
7. Wie stehen Sie zu dem Gedanken des »operativen Predigens«, wie es im Text erklärt wird?
8. Was passiert mit Botschaften der »Guten Nachricht«, wenn sie die »schlechte Nachricht« auslassen, dass Sünde alles befleckt, was sie berührt?
9. Welchen Grund sieht die Bibel dafür, dass die Menschen Fehler begehen? Wie ist diese Sicht mit den Gründen zu vergleichen, die die Menschen normalerweise nennen?
10. Wenn Sie an Ihre eigene Erfahrung der Rettung denken – welche Bedeutung hat es, dass der Priester die Reinheit des Opfers verkündet und erst dann Waschungen verlangt?

Sechstes Kapitel

Israels hoher und heiliger Tag

(3. Mose 16)

1. Welche Aspekte des Sühnungswerkes Christi sind in den Anordnungen für Yom Kippur dargestellt?
2. Welches Schlüsselprinzip steht hinter dem hebräischen Wort für Sühnung?
3. Wie können Sie am besten den Sühnungsaspekt der Evangeliumsbotschaft vermitteln, wenn Sie mit jemandem sprechen, der »lediglich die liebende Religion Jesu« will?
4. Vance Havner sagte: »Wir versuchen, junge Leute dahin zu bringen, dass sie sagen: ›Hier bin ich‹, bevor sie jemals gesagt haben: ›Wehe mir!‹« Was meinte er damit?
5. Was ist das Hauptziel der Rettung, wie es in der Wolke des Räucherwerks symbolisiert ist (vergleichen Sie 3Mo 16,11-13 mit Eph 1,6.12-14)?
6. Wiersbe erinnert uns daran, dass das Privileg der Vergebung die Verpflichtung zur Bindung mit sich bringt. Inwiefern erkennen Sie dies in persönlichen Beziehungen? Wie ist dieses Prinzip speziell in den Plan der Rettung integriert?
7. Warum ist der Gedanke der Sühnung in unserer Zeit so unpopulär?
8. Was sehen Sie selbst als Ihr stärkstes Bedürfnis, wenn Sie über Gottes Vergebung nachdenken: Gottes Vergebung zu suchen, Gottes Vergebung anzunehmen, Vergebung an andere weiterzugeben oder von anderen gewährt zu bekommen, oder sich selbst zu vergeben?

Heiligkeit ist eine praktische Sache

(3. Mose 17–20)

1. Warum wurde Blut nicht als gewöhnliche Speise für die Juden angesehen?
2. Wieso ist »das Blut« den Christen heilig (siehe 1Petr 1,18-19; Röm 5,9; Eph 1,7; 2,13; 1Jo 1,7)?
3. Wie würden Sie die Beziehung zwischen persönlicher Rettung durch Christus (Röm 3,19-28) und persönlicher Heiligkeit in Christus (1Jo 3,1-10) beschreiben?
4. Wiersbe stellt fest: »Nicht alles, was legal ist, ist auch automatisch aus moralischer oder biblischer Sicht gut.« Fallen Ihnen Beispiele für Taten ein, die unsere Gesellschaft als legal einstuft, die aber von Christen vermieden werden sollten?
5. »Gott hat die Sexualität erfunden«, aber es ist uns oft peinlich, über dieses Thema zu Hause und in der Gemeinde zu diskutieren. Warum? Was sagt Gottes Erfindung über ihn aus?
6. Was bedeutet es in der Praxis, wenn die Schrift erklärt, dass Liebe *»die Erfüllung des Gesetzes«* ist (siehe Röm 13,8-10; Joh 13,34-35)?
7. Wie bringen Sie ihre eigene Ansicht über die Todesstrafe in Einklang mit Ihrem Wunsch, sich ein Beispiel an Christi Mitgefühl für Sünder zu nehmen?
8. Nach welchen Richtlinien kann man sich einen »christlichen Blickpunkt« zu vieldiskutierten gesellschaftlichen Themen wie Abtreibung, Rechte für Homosexuelle, Verbrechen und Todesstrafe bilden?

Achtes Kapitel

Der Preis geistlicher Führerschaft

(3. Mose 21–22)

1. Auch wenn niemand vollkommen ist – welche vernünftigen grundlegenden Erwartungen sollten wir an unsere geistlichen Führer stellen?
2. Glauben Sie, dass die Qualifikationen für geistliche Führerschaft strenger sein sollten als die Anforderungen für andere Leitungspositionen? Falls ja, in welcher Hinsicht sollten sie sich unterscheiden?
3. In welcher Hinsicht überwogen für Priester in den Tagen Moses die Privilegien des geistlichen Dienstes ihre Belastungen und Opfer, die ihre Aufgabe mit sich brachte? Und wie steht es heutzutage mit Christen im vollzeitlichen Dienst?
4. Warum bestanden Anforderungen an die Familienangehörigen des Priesters? Wie sieht es damit in modernen Pastorenfamilien aus?
5. Wiersbe stellt fest, dass »wir auch in unserem Leid danach trachten müssen, Gott zu verherrlichen.« Wie würde »heiliges Leiden« aussehen?
6. Wie verletzt »das Schreckgespenst der Berufsmäßigkeit« Gläubige heutzutage?
7. Wie würden Sie einen »Führer von Dienern« definieren?
8. Wie kommt es, dass »jene, die leiten, die besondere Zielscheibe des Feindes sind«? Welche Folgerungen ergeben sich daraus für die Überlegung, wie eine Gemeinde ihren Leitern zur Seite stehen sollte?
9. Worin bestehen die besonderen Stärken jener, die in ihrer Gemeinde Ämter versehen? Was glauben Sie – welche persönlichen Fürbittgebete würden sich diese Leute von Ihnen wünschen?

Neuntes Kapitel

Der Kalender, der die Zukunft vorhersagt

(3. Mose 23)

1. Welche Rolle sollte Gott Ihrer Meinung nach bei der Ordnung Ihres Tagesplanes spielen?
2. Welche Termine auf Ihrem Kalender wären ein Hinweis darauf, dass Sie ein Kind Gottes sind?
3. Wie zufrieden sind Sie mit der Art und Weise, wie Sie ihren Tag einteilen? Wie zufrieden ist Ihre Familie mit Ihrer Zeitplanung?
4. Wenn Sie Gott anbieten würden, Ihren Zeitplan umzubauen – was glauben Sie, was er verändern (entfernen, hinzufügen, abändern) würde?
5. Warum ist es ein Fehler anzunehmen, dass Christen nur das Neue Testament (ohne das Alte Testament) nutzen können?
6. Wodurch lernen Christen die geistlichen Wahrheiten, die in die Feste des jüdischen Jahres eingebettet sind?
7. Was nahm das Opfer des Passahlamms vorweg?
8. Was ist die geistliche Bedeutung des Entfernens von Sauerteig während der sieben Tage nach Passah?
9. Wann können Sie während Ihres Tagesablaufs Zeit für »Sabbate« der Ruhe und Entspannung einlegen? Welche Gelegenheiten haben Sie für »Feste« zur Feier von Gottes Güte Ihnen gegenüber in Ihr Leben eingebaut?
10. Warum können Christen ohne das Wirken des Heiligen Geistes nicht angemessen tätig sein?

ZEHNTES KAPITEL

Heilig, heilig, heilig

(3. Mose 24)

1. Was fällt Ihnen spontan ein, wenn Sie das Wort »heilig« hören? Wie würden Sie Ihre gedankliche Reaktion bildlich darstellen?
2. Welche praktische Auswirkung hätte es auf uns, wenn Gott nicht vollkommen heilig wäre?
3. Was war der tiefere Sinn der Tatsache, dass das Volk das Olivenöl für den goldenen Leuchter liefern musste? Wie unterscheidet sich die Bedeutung von Öl zum Verbrennen von der Bedeutung von Öl zum Salben?
4. Auf welche Weise »erleuchtet« die Bibel unseren Weg?
5. Wie sollte die Nation Israel als Licht dienen? Wie kann die heutige Gemeinde in der gleichen Weise tätig werden?
6. Wie bezieht sich Kolosser 3,1-4 auf die Bedeutung und den Zweck der »Schaubrote« in 3. Mose 24?
7. Warum scheint es manchmal so, als ob Gott nicht bei uns wäre? Wie können Christen in solchen Zeiten damit fertig werden?
8. Was ist der Hauptgrund für Gesetze? Wie passt die Furcht des Herrn zum Gehorsam gegenüber dem Gesetz? Was bedeutet das in Ihrem Leben als Christ?
9. Wie erklären Sie den augenscheinlichen Gegensatz zwischen der Betonung des *lex talionis* in 3. Mose 24,19-20 und den Aussagen in Christi Bergpredigt (siehe Mt 5,38-48)?

Elftes Kapitel

Dieses Land gehört Gott

(3. Mose 25)

1. Wie würde der wahrhafte Glaube daran, dass wir »nichts im Leben besitzen«, unseren Lebensstil oder unsere Entscheidungen bezüglich unserer Zukunft beeinflussen?
2. Was lehrte Gott in Bezug auf sich selbst, indem er ein Jahr der Ruhe verkündete?
3. Warum »entscheidet unsere Beziehung zu Gott darüber, wie wir mit unseren Mitmenschen umgehen«?
4. Wie würden Sie die Bekanntgabe des Jobeljahres mit der Verkündigung der Evangeliumsbotschaft vergleichen?
5. Das Volk Israel musste durch Glauben an Gott als ihren »Landes-Herrn« leben. Welchen Versuchungen zur Übernahme der Herrschaft sahen sie sich gegenüber? Inwiefern kommen Christen heutzutage in Versuchung, ihr Leben selbst zu lenken?
6. Wie würde die Rückgabe von Land an die ursprünglichen Eigentümer den Lauf der Gesellschaft beeinflussen?
7. In welcher Hinsicht ist die Rücksichtnahme auf ökologische Verantwortung ein geistliches Bestreben?
8. *»Unser tägliches Brot gib uns heute«* – was bedeutet dieser Satz für Sie?
9. Samuel Johnson sagte: »Eine anständige Fürsorge für die Armen ist der wahre Prüfstand der Zivilisation.« Was leistet unser Land in dieser Hinsicht Ihrer Meinung nach? Was tut Ihre Gemeinde? Welche Verbesserungsvorschläge haben Sie?

Zwölftes Kapitel

Das große Wort »wenn«

(3. Mose 26–27)

1. Wie erkennen Sie Gottes Willen für sich, wenn Sie Wendepunkte Ihres Lebens erreichen?
2. Wie war es möglich, dass sich das Volk »Gott entgegenstellte«, nachdem es von den Belohnungen für Gehorsam und den Strafen für Ungehorsam gehört hatte?
3. In welchem Sinne waren die Israeliten »Unmündige des Glaubens«? Was bedeutet es für unsere Pflicht zu gehorchen, wenn heutige Gläubige »reifer« sind?
4. Was war der Hautzweck der sechs Perioden der Züchtigungen (siehe 26,19)?
5. Ist Bestrafung Ihrer Meinung nach ein guter Lehrer? In welchem Bezug steht die Bestrafung in 3. Mose zu dem neutestamentlichen Konzept der Züchtigung, wie es in Hebräer 12,5-13 beschrieben wird?
6. Warum sind wir manchmal versucht anzunehmen, dass Buße und ein Neubeginn nicht mehr möglich sind?
7. Warum ist es bedeutsam, dass das Verschenken von Geld an Priester absolut freiwillig war?
8. Wie erklären Sie es sich, dass Gott von uns erwartet, dass wir unsere Verpflichtungen ihm gegenüber einhalten, aber uns Vergebung anbietet, wenn wir dabei versagen?
9. Welche Aspekte von Gottes zukünftiger Beziehung zu Ihnen werden bedingungslos sein und welche werden Bedingungen (»Wenns«) einschließen?

Dreizehntes Kapitel

Von 3. Mose lernen

(Zusammenfassung)

1. Inwiefern macht die Reduzierung der Heiligkeit Gottes schließlich das Kreuz Christi klein?
2. Welche Beweise fallen Ihnen dazu ein, dass »die Gemeinde das mündliche Zeugnis betont, aber das gottesfürchtige Wesen und Benehmen vernachlässigt«?
3. Warum verlangt die Kultivierung der Heiligkeit das Verabscheuen der Sünde?
4. Wie kann die christliche Freiheit bis an den Punkt missbraucht werden, an dem sie Gehorsam und Disziplin herunterspielt?
5. Wie können wir »falschen Glaubenseifer« von wahrer Heiligkeit unterscheiden?
6. Wie kann man Rettung und Heiligung vergleichen und gegenüberstellen? Welche Rolle spielt die Vermittlung Christi bei beidem?
7. Wo sollte die Gemeinde Grenzen ziehen, um nicht »wie die Welt« zu sein?
8. Beschreiben Sie in praktischen Begriffen die »Einzelkämpfer«-Haltung gegenüber dem Streben nach christlichem Wachstum.
9. Wie ist Christus konkret verherrlicht, wenn er in uns abgebildet ist?
10. Warum ist es so verführerisch, aufmerksamer auf unseren Ruf zu achten als auf unseren Charakter?

Anmerkungen

Kapitel 1

1. Mose 11,44-45; 19,2; 20,7, 26; 21,8; 1. Petrus 1,15-16.
2. Augustus H. *Strong, Systematic Theology* (Philadelphia: The Judson Press, 12. Ausgabe, 1949), S. 271.
3. Es gibt drei Aspekte der Heiligung, die erwähnt werden sollten: 1) die Heiligung in der Stellung, 2) die fortschreitende Heiligung und 3) die vollkommene Heiligung. Heiligung in der Stellung bedeutet, dass der Gläubige ein für alle Mal zu Gott berufen ist (1Kor 1,2; 6,9-11; Hebr 10,10). Fortschreitende Heiligung ist der Prozess, durch den der Gläubige Christus täglich ähnlicher wird (Joh 17,17; 2Kor 3,18; 7,1). Vollkommene Heiligung werden wir erfahren, wenn wir Christus in Herrlichkeit sehen (1Jo 3,2). Eines der »unveränderlichen Merkmale« eines wahrhaft Gläubigen ist die Verabscheuung der Sünde und der Wunsch, Jesus Christus ähnlicher zu werden (1Jo 2,29; 3,9; 5,4-5). Wir sind gerettet, um in Christus heilig zu werden (Eph 1,4; 5,27; Kol 1,22).

Kapitel 2

1. Hebräer 10,5-8 bezieht sich auf alle sechs levitischen Opfer und stellt fest, dass sie in Jesus Christus erfüllt sind. »Schlachtopfer« (V. 5) bezieht sich auf alle Tieropfer, was somit Heilsopfer, Brandopfer, Sündopfer und Schuldopfer umfasst. »Opfergaben« (V. 5) bezieht sich auf Speis- und Trankopfer. Brandopfer und Sündopfer werden in den Versen 6 und 8 konkret genannt.
2. Sogar die Ärmsten der Nation konnten Gott ein Opfer darbringen. Als Maria und Josef den neugeborenen Jesus dem Herrn darstellten, brachten sie Vögel statt Vieh mit (Lk 2,21-24; siehe 3Mo 12,8; 2Kor 8,9).
3. Das hebräische Wort, das mit *»zurichten«* (V. 7-8.12) übersetzt wird, findet sich auch im Gebet des Psalms 5,3 (*»In der Frühe richte ich dir ein Opfer zu«*). Wie die Opfer auf dem Altar sollen unsere Gebete vor Gott ordentlich und »brennend« sein. Das Gebet wird außerdem mit dem Verbrennen von Räucherwerk auf dem goldenen Altar verglichen (Ps 141,2).

4. Als Paulus Timotheus ermahnte, *»die Gnadengabe Gottes anzufachen«* (2Tim 1,6), benutzte er ein griechisches Wort, das wörtlich »wieder–Leben–Feuer« bedeutet und ausdrückte: »entfache das Feuer wieder«. Als Gottes Priester müssen heutige Gläubige das Feuer auf dem Altar ihrer Herzen am Brennen halten, damit sie nicht lau werden (Offb 3,15-16) oder erkalten (Mt 24,12).
5. Siehe aber auch 3. Mose 5,11-13, wo das Speisopfer von Armen dargebracht werden konnte, die sich kein Tier leisten konnten, und Gott sagte, dass er ihnen ihre Sünden vergeben würde. Bedenken Sie aber auch, dass es dennoch »Blutvergießen« gab, weil ja die Speise auf den Altar gelegt wurde, auf dem das tägliche Brandopfer dargebracht worden war (2Mo 29,38-42).
6. Der *»Fettschwanz«*, von dem in 3,9 und in 7,3 die Rede ist, konnte bis zu sieben Kilo wiegen. Er wurde als eines der wertvollsten Teile des Tieres angesehen und wurde ganz dem Herrn gegeben.
7. Das bekannte Sprichwort *»Unwissenheit schützt vor Strafe nicht«* ist abgeleitet von dem, was der englische Jurist John Selden (1584-1654) schrieb: »Unkenntnis des Gesetzes entschuldigt keinen Menschen – nicht weil jedermann das Gesetz kennt, sondern weil es eine Entschuldigung ist, auf die sich jeder berufen wird, und niemand weiß, wie man ihn widerlegen kann.« Wenn wir »Sünde« als eine »Verletzung des *bekannten* Gesetzes Gottes« definieren, sagen wir damit, dass wir umso heiliger sein sollten, je dümmer wir sind, und das stimmt nicht. Die Bibel drängt uns, in der Erkenntnis zu wachsen, damit wir in der Gnade wachsen (Joh 7,17; 2Petr 3,18). Unser erhabener Hoherpriester versteht uns und kann uns in unserer Unwissenheit behilflich sein (Hebr 5,2; 9,7).

Kapitel 3

1. Die Worte bedeuten »Erkenntnisse [oder Fluchworte] und Vollkommenheiten«, und Übersetzer gehen allgemein davon aus, dass die Urim und die Tummim »heilige Lose« waren, die geworfen wurden, um den Willen Gottes festzustellen (4Mo 27,21; 1Sam 28,6; 30,7-8).
2. Ungehorsam brachte den Priester in Lebensgefahr (siehe 2Mo 28,35.43; 30,20-21; 3Mo 16,2; 4Mo 4,15.19-20). Große Privilegien gehen einher mit großen Pflichten.
3. zitiert aus: C. H. Mackintosh, *Gedanken zum 3. Buch Mose* (H. L. Heijkoop, Winschoten, 1973), S. 112.

Kapitel 4

1. Siehe John Wesleys Predigt 93 »Über die Kleidung«. Die Formulierung »gleich nach« bedeutet »direkt darauffolgend«. Wenn Menschen gläubig werden, sollte ihr Glauben Einfluss darauf haben, wie sie sich pflegen.
2. Laut Römer 14–15 und 1. Korinther 8–10 diskutierte Paulus die Thematik des Missbrauchs dieser Freiheit, wodurch man einen Christen mit einem schwachen Gewissen verletzen könnte, der die Bedeutung der Freiheit in Christus noch nicht verstanden hat. Wir legen unsere Privilegien willig ab – nicht um unsere Freiheit zu verlieren, sondern um dem schwächeren Gläubigen zu helfen, Freiheit zu erlangen. Wir wollen nicht, dass die Menschen »Säuglinge« bleiben, die noch wachsen müssen, sondern wir dienen ihnen in Liebe. Man kann Reife nicht erzwingen. Es ist natürlich unklug, jede Speise zu essen, die einen krank macht oder den Körper des Gläubigen schädigt, der ein Tempel des Geistes Gottes ist (1Kor 6,19-20).
3. Eine interessante Studie zu diesem Thema von einem christlichen Doktor der Medizin steht in Kapitel 8 von *None of These Diseases* von S. I. McMillen (Revell, überarbeitete Ausgabe, 1984). Siehe auch das *New England Journal of Medicine* vom 3. May 1990 (Band 322, No. 18), S. 1308- 1315.
4. R.K. Harrison, *Leviticus*, *Tyndale Old Testament Commentary series* (Downer's Grove, Illinois: InterVarsity, 1980), S. 134.

Kapitel 5

1. Jeder, der sich auf die »Gesellschaft« in der Hölle freut, sollte wissen, wer ihn dort erwartet. *»Aber den Feigen und Ungläubigen und mit Gräueln Befleckten und Mördern und Unzüchtigen und Zauberern und Götzendienern und allen Lügnern ist ihr Teil in dem See, der mit Feuer und Schwefel brennt«* (Offb 21,8). *»Draußen* [vor der himmlischen Stadt] *sind die Hunde und die Zauberer und die Unzüchtigen und die Mörder und die Götzendiener und jeder, der die Lüge liebt und tut«* (22,15). Vergleichen Sie diese Bande mit der Gesellschaft, die die Kinder Gottes im Himmel haben werden (Hebr 12,22-24).
2. Die Zahl Sieben taucht bei jüdischen Riten häufig auf. Sie symbolisiert Vollkommenheit und Fülle. Die Zahl Acht steht für einen Neuanfang.
3. Es ist bemerkenswert, dass Gott das Salböl nicht auf das menschliche Fleisch aufträgt, sondern auf das Blut. Der Heilige Geist kommt nur dorthin, wo das Blut aufgetragen worden ist.

4. Der Priester folgte einer ähnlichen Zeremonie, wenn er ein Haus reinigte, das mit Schimmel oder Pilz infiziert war (3Mo 14,49-53).
5. Es ist wahrscheinlich, dass dieses Gesetz auch auf die Unreinheit eines Mannes aufgrund eines nächtlichen Samenergusses angewendet wurde (3Mo 22,4; 5Mo 23,10-11). Das männliche Glied trug das Zeichen des Bundes und Gott hatte jedes Recht, diesbezügliche Gesetze zu erlassen.
6. Die Rabbis lehrten, dass sich Vers 24 nicht auf einen Mann bezog, der seine Ehefrau vergewaltigte, sondern auf die Möglichkeit, dass der Monatsfluss der Frau während des Geschlechtsverkehrs einsetzte. Sie konnten nicht glauben, dass ein jüdischer Mann sich nur aus Lust absichtlich beflecken und Gott ungehorsam sein würde.

Kapitel 6

1. Israel begann sein *religiöses* Jahr mit Passah (2Mo 12,1-2) und sein *amtliches* Jahr mit dem Fest des Hornblasens (3Mo 23,23-25). Im Gegensatz zu unserem modernen Neujahrstag ist Rosch Ha-Schanah für die Juden ein Tag des Fastens, des Bekennens von Sünden, des Gottesdienstes und des Gebets. Es würde uns gut tun, ihrem Beispiel zu folgen statt dem Beispiel der Welt.
2. John R.W. Stott, *The Cross of Christ* (Downer's Grove, Illinois: InterVarsity, 1986), S. 159.
3. Heutzutage bezeichnet man jemanden als Sündenbock, der fälschlicherweise einer Sache beschuldigt wird oder freiwillig die Schuld trägt, um eine andere Person zu schützen.

Kapitel 7

1. Heutige Gläubige unterstehen nicht dem Gesetz Moses (Röm 6,14; 7,4; Gal 2,19), aber das bedeutet nicht, dass wir gesetzlos sein dürfen. Wenn wir in der Kraft des Geistes wandeln, wird in uns die Rechtsforderung des Gesetzes erfüllt (Röm 8,1-4). Die alte Natur kennt kein Gesetz, die neue Natur jedoch braucht kein Gesetz. Das Gesetz offenbart die Heiligkeit Gottes, die Abscheulichkeit der Sünde und den großen Bedarf an Gottes Gnade, wenn wir ihm gefallen wollen.
2. Siehe Kapitel 3 von *The Apostolic Preaching of the Cross* von Leon Morris (Grand Rapids: Eerdmans, 1955).

3. Da Gott der Verfasser des göttlichen Gesetzes ist, ist jeder Ungehorsam ein Vergehen gegen ihn, auch wenn es sich gegen Menschen oder Dinge richtet (Ps 51,6). Dennoch stehen manche Vergehen in einem direkteren Zusammenhang mit unserer Beziehung zu Gott, Mitmenschen oder Sachen. Die Einteilung dient lediglich der Übersichtlichkeit und ist keine theologische Feststellung.
4. Manchmal hören wir, dass Leute den Sonntag den »christlichen Sabbat« nennen, aber die Schrift rechtfertigt diese Bezeichnung nicht. Der Sabbat ist der siebte Tag und spricht von Ruhe nach der Arbeit. Der Sonntag ist der Tag des Herrn, der erste Tag der Woche, der Tag der Auferstehung, und spricht von der Ruhe vor der Arbeit. Der Sabbat gehört zur alten Schöpfung, der Tag des Herrn gehört zur neuen Schöpfung.

Kapitel 8

1. Obwohl das Priestertum unseres Herrn zur Ordnung Melchisedeks gehört und nicht zur Ordnung Aarons (Hebr 7–9), skizzierten Aaron und seine Söhne doch auf gewisse Weise das Wirken des großen Hohenpriesters, der noch kommen würde. Schon allein aus diesem Grunde bemühten sie sich, vortrefflich im Charakter zu sein und ihr Bestes zu geben.
2. Es war Aaron wahrscheinlich nicht erlaubt, den Tod von Nadab und Abihu zu betrauern, weil sie durch eine Strafe Gottes starben (3Mo 10,1-2); und Hesekiel, der Prophet, der auch Priester war, durfte den Tod seiner Ehefrau nicht beklagen (Hes 24,15-18). Sein Verhalten war ein Zeichen für das Volk und gab ihm Gelegenheit zum Predigen.
3. Siehe Ralph Turnbulls Klassiker A *Minister's Obstacles* (Grand Rapids: Baker Book House, 1972), S. 9.

Kapitel 9

1. Der Geist taufte jüdische Gläubige an Pfingsten in die Gemeinde hinein und nichtjüdische Gläubige im Haus von Cornelius (Apg 10). Dadurch wurde das Bild der beiden Brote erfüllt.
2. Indem ich die Israeliten als »sündiges Volk« bezeichne, möchte ich nicht ausdrücken, dass sie sündiger sind als die nichtjüdischen Nationen oder die bekennende Gemeinde. Am Richterstuhl Christi wird sich der Herr mit den

»Flecken und Runzeln« seiner Gemeinde auseinander setzen, und es wird eine ernste und feierliche Stunde sein. Aber wem viel gegeben ist, von dem wird auch viel verlangt werden, und Israel ist eine Nation, die vom Herrn besonders gesegnet wurde.

Kapitel 10

1. Die Gelehrten sind sich darüber uneins, wie lange die sieben Lampen auf dem Leuchter brannten. Brannten sie durchgehend Tag und Nacht oder lediglich von Sonnenuntergang bis Sonnenaufgang? Da die Strahlen der Sonne nicht die Bretter, die den äußeren Rahmen des Zeltes der Begegnung bildeten, den Vorhang im Eingangsbereich und die Behänge aus Tierhäuten und Gewebe durchdringen konnten, müssen die Priester auch den ganzen Tag Licht im Allerheiligsten benötigt haben. Der Hohepriester beschnitt die Dochte jeden Morgen und jeden Abend, kontrollierte den Vorrat an Öl und stellte sicher, dass die Lampen ständig brannten (siehe 2Mo 30,7-8).
2. Timotheus hatte eine gläubige jüdische Mutter und einen ungläubigen griechischen Vater und entwickelte sich gut (Apg 16,1-2; 2Tim 1,5). Dies ist ein Beispiel dafür, dass Kinder aus einer Mischehe, obwohl sie nicht biblisch ist (2Kor 6,14-18), nicht zwangsläufig durch sie zum Versagen verurteilt sind. Allerdings unterwiesen Timotheus' Mutter und Großmutter ihn von Kindheit an in der Schrift, und dies trug dazu bei, dass er sich so entwickelte. Auch in diesem Falle erfahren wir nicht, wo der Vater von Timotheus war. Vielleicht war er tot, oder er hatte die Familie verlassen und daher keinen Einfluss mehr auf seinen Sohn.
3. In der Bergpredigt setzte Jesus sich mit Gotteslästerung und Rache auseinander (Mt 5,33-48), wodurch er Parallelen zu den Themen in 3. Mose 24,10-23 zog. Vielleicht meinen Mose und unser Herr: »Wenn du in deinem Herzen Gottesfurcht hast, wirst du nicht versuchen, dich zu rächen, wenn Menschen dich schlecht behandeln.« Römer 13,1-7 ist Gottes Stellungnahme zur Position der weltlichen Regierung in der Gesellschaft; 12,14-21 ist Gottes Ermahnung an die Gläubigen in Bezug auf persönliche Beleidigungen und Angriffe.
4. Gegner der Todesstrafe zitieren gerne Statistiken, um zu beweisen, dass Exekutionen kein Abschreckungsmittel für Verbrechen sind. Aber die Einbeziehung von Statistiken, ob zur Verteidigung der Todesstrafe oder zum Infragestellen, ist eine sinnlose Sache, denn es ist einfach nicht möglich, eine »Kontrollsituation« zu schaffen, um die Statistiken zu überprüfen. Die Größe und

Zusammensetzung der Bevölkerung eines Staates oder einer Stadt sowie die Gesetze vor Ort und deren Anwendung haben einen beträchtlichen Einfluss auf die Sache. Sogar der humanistische amerikanische Rechtsanwalt Clarence Darrow, ein Gegner der Todesstrafe, musste zugeben: »Es ist eine Frage, die weder in die eine noch in die andere Richtung durch Statistiken bewiesen werden kann.« Während seiner Laufbahn verteidigte Darrow einhundert angeklagte Mörder, und nicht einer wurde hingerichtet. Siehe *Lend Me Your Ears: Great Speeches in History*, ausgewählt von William Safire (New York: W.W. Norton, 1992), S. 327-335.

Kapitel 11

1. Bedenken Sie, dass das religiöse jüdische Jahr im April mit Passah begann (2Mo 12,2), das amtliche Jahr jedoch mit dem Fest des Hornblasens sieben Monate später.
2. In der Anmerkung der englischen New International Version (NIV) Bibel steht »Wucherzinsen nehmen«, was in den Tagen Nehemias geschah (Neh 5). Dennoch interpretierten die Rabbis dieses Gesetz dahingehend, dass damit zinsfreie Darlehen gemeint waren.
3. Alexander Mclaren, *The Expositor's Bible*, Band VI (Grand Rapids: Eerdmans, 1940), S. 301.

Kapitel 12

1. Harris, Archer und Waltke, Hrsg. *Theological Wordbook of the Old Testament*, Band 2 (Chicago: Moody Press, 1980), S. 814.

Kapitel 13

1. Carl F.H. Henry, *Notes on the Doctrine of God* (Boston: W.A. Wilde, 1948), S. 110.